기술지도사를 위한 다양한 외국어 즐겁게 공부하는 법

수학연구사

목 차

머리말 ··· 1

I. 직청 직해와 멀티 청취 ··· 3

II. 소리단어장과 DB 탱크 ··· 33

III. 여러 외국어 특성 파악 ·· 51

IV. 외국어 공부의 확장성 ·· 63

V. 모토 ·· 77

VI. Q&A ·· 85

VII. 제언 ·· 99

VIII. 결론 ··· 111

머리말

외국어 습득을 강력하게 추천하는 이유

다양한 외국어 습득은 결국 자신의 경쟁력이 된다는 사실을 잊지 않았으면 좋겠다. 물론 요즘은 번역기 앱이 워낙 잘 되어 있어서 파파고나 구글 번역기를 돌리면 외국어를 전혀 못해도 업무 메일 정도는 얼마든지 무리 없이 혼자 해낼 수 있는 시절인 건 맞다. 하지만 인공지능의 시대가 되면서 오히려 더 외국어의 활용 가능성은 높아졌다. 분명 번역기로 안 되는 영역이 여전히 존재하고 따라서 보조적 도구를 통해서라도 외국어를 자유자재로 하는 인재를 사회는 요구한다.

필자의 방법만 따라오면 외국어 잘 할 수 있다

외국어 공부 초보여도 겁먹고 피하지 말라. 필자가 하라는 대로 하라. 일반적인 어학 공부는 그리 높은 수준이 아닌 경우가 많다. 필자의 말대로만 하면 반드시 당신도 아주 단기간에 외국어로 된 자기의 포트폴리오 완성이 가능하다. 그리고 세상을 보는 눈이 완성이 된다. 과거 어느 재벌회장님의 말마따나 세계는 넓고 할 일은 많다.

이 좋은 것 안 하면 손해

예를 들어 전도하려고 하는 기독교 신도들에게 "왜 본인만 믿으시면 되지

저한테까지 포교하려고 하시나요?"하면 모든 교인들은 입을 모아서 이렇게 말한다. "이 좋은 것을 왜 안 믿으세요?"하고 말이다. 물론 비종교인들은 이해 못 하겠지만 사실 이건 이해의 영역은 아니다. 그리고 그러한 종교 권유의 마인드가 필자의 외국어 권유에는 담겨있다. 필자는 신앙인이 아니나 "이 좋은 것을 왜 안 해?"하는 마인드로 여러분들에게 외국어를 권한다. 물론 이것도 자신감에 근거한 것이 될 것이지만 말이다.

I. 직청 직해와 멀티 청취

1. 듣자마자 해석해야 한다

1) 의미

외국어 공부란 어떤 소리 즉 그 외국어의 소리에 대해서 우리 뇌가 모르는 상태(저게 뭐지?)하는 상태에서 무슨 말인지를 아는 상태로 바꾸는 과정이라고 이해하면 아주 간명하게 쉽게 이해가 될 것이다. 그러기에 의식에 흐름에 걸리적거리는 것이 있으면 외국어가 잘 머리에 들리지 않게 된다.

의식의 흐름에 걸리적거리면 뭔가가 리스닝이 안 되는 것이고 거기서 문제점을 찾아서 공부하면 된다. 즉 다르게 말하면 직청직해 수준의 것을 많이 만들어 두면 된다. 자신이 뭔가 안 들리는 것은 직청직해수준의 단어와 청크가 무기로서 부족하기 때문이다. 우선은 그 부분에 집중해 본다.

결국에는 가청 단어와 단어군 청크의 수를 어디까지 늘리는가가 문제이므로, 그리하여 의식의 흐름상 그 단어와 그 단어 청크의 의미가 속으로 '어 뭐더라?', '어 뭐지?'라는 생각이 들지 않게 그 것이 특히 '봐서'가 아니라 '들어서'문제가 없게 가는 것이 중요하다. 그러려면 운전을 하고 가면서 듣는 것도 어떤 의미에서는 맥락이 없는 단어장녹음 테이프를 듣는 것보다는 맥락이 있는 스토리 집을 들으면서 가는 것 그러면서 나중에 집에 와서는 꼭 확인해보고 하는 것이 의미가 있을 수 있다.

2) 해석이 안 된다는 의미: 직청직해 수준이 안 된다는 의미

(1) 수준이 안 되는 상황의 다양한 표현

직청직해 수준을 만든다는 것은 다음과 같은 의미로 다가온다. 학습자마다 그 느낌이 다르고 그것을 설명하는 강사들도 그 설명이 다를 수 있어서 아주 포괄적으로 직청직해 수준 내지는 먹거리 될 수준을 만들면서 된다.

감이 안 온다<-> 감이 온다
걸리적거린다<-> 걸리적거리지 않는다
따로 설명이 필요하다<-> 따로 설명이 필요하지 않아도 알아듣는다
머리에 로드가 걸린다<-> 로드 없이 술술 간다
문제가 있다<-> 문제가 없다
의식의 흐름에 자연스럽게 오지 못하게 된다<-> 의식의 흐름에 자연스럽다
이상이 있다<-> 이상이 없다
연결에 지장이 있다<-> 연결에 지장이 없다
와 닿지 않는다<-> 와 닿는다
어색하다<-> 어색하지 않다

(2) 이것을 말하는 이유

다시금 이야기 하지만 이것은 같은 상황인데 어떻게 바라보는가의 문제이기도 하다. 이렇게 상황을 나열해 본 이유는 여러분들도 분명히 외국어 공부를 하면서 이런 것들을 느꼈을 것이라고 생각하고 그럴 여지들을 다양하게 표현을 해본 것이다. 그래서 "그래요. 저도 정말로 외국어 공부를 하면서 '걸리적거리지 않게 공부하자. 수준을 그렇게 올리자.' 라고 생각했어요. 저도 '문제없는 수준으로 가자.' 그런 식으로 공부했어요."라는 말을 한다면 옳게 가고 있다는 것을 보여주기 위해서 정리를 저렇게 해본 것이다.

조금만 더 세부적으로 의미서술을 하면 다음과 같다. 특히 여기서 와 닿는다는 깔끔하게 번역을 한 것만큼 와 닿아야 한다는 소리이다.

  3) 예측이라는 것도 이렇게 이해가 된다

(1) 미래 예측이 아니다

시간적으로는 보통 일상용어로 예측이라고 하려면 원래 미래의 일 즉 아직은 발생하지 않은 미래의 일을 말하고 파악할 줄 알아야 예측이라고 감히 할 것이다. 그러나 리스닝에서 예측은 그런 예측이라고 하기 보다는 들려오는 것들이 당연하고 자연스럽게 여기는 힘이라고 정의 내려야 한다. 사실 우리말을 들을 때도 어떤 말이 씨부렁거려져서 나오면 그 뒤에 말이 뭐가 나올지는 일일이 신경 써서 들어야 한다. 그런데, 하물며 외국어는 그렇게 해서 예측을 하기가 어렵다. 그러기에 보통의 일반 어학 책에서 말하는 예측은 엄밀히 시간상으로 나눠서 따져보면 미래적 예측이 아니라 시간적으로 현재로서의 것이 당연하게 느껴지는 힘 걸리적거리지 않는 힘이라고 봐야 한다.

가청단어와 가청 청크를 늘리기 위해서 해외방송 등을 본다면, 그냥 듣는 것보다는 알기 위해서 듣는 것 즉, 듣는 진도를 나가야 하는데 그게 안 들릴 때 '어 저게 뭐지'하고 들으려고 노력 하고 안 들리면 메모해서 정리하는 것이 도움이 된다.

(2) 무엇을 예측하는가? (예측의 대상)

긴 단어는 단어의 뒷부분을 예측하고, 청크는 청크의 뒷부분을 예측한다. 그런데 앞서 말한 대로 앞으로 나올 것을 예상한다기보다는 실시간으로 나오는 게 어색하지 않게 받아들여진다는 의미가 더 정확할듯하다. 그래서 정확히는 예측이라기보다는 '익숙해져서 뇌에서 빨리 나온' 지식이라고 봐야 한다. 우리나라 말로 치면 누군가가 '무궁화 삼...'이라 하면 뒤따라 '천리'를 말하는 게 너무 자연스럽게 느껴지는 힘이다.

(3) 자연 예측

자연 예측이란 앞에서 말한 예측과 다소 중복이 되게 설명이 되는 부분도 있으나 예측이 자연스럽게 된다는 의미로 그 측면에서 바라본 것이다. 그 대상은 '긴 단어는 그 단어의 끝' '단어와 단어의 연결에서는 주어동사 또는 동사목적어 전치사 목적어 접속사와 문장 같은 식의 연결'이다. 그런데 그걸 뭐 꼭 알아야 할 것은 아닌 것 같고 그건 그 해당언어를 공부하면서 체화가 되면 될듯하다. 그건 좀 어순개념에 가깝다. 왜? 정말로 미래 예측을 하는 게 아니기 때문이다. 이건 문법으로 연결을 해라. 그런 개념으로 보면 이것도 앞에서의 예측과 비슷한 개념으로 간다.

 4) 다른 학습법도 이렇게 이해가 된다

(1) 들어가기

어학은 무조건 필자가 제시하는 방법이 맞다. 그러니 다른 방법이 무엇인지를 좀 보자. 다른 방법에 대한 해설을 해주겠다. 많은 사람들이 어학에 도전하지만 별로 큰 효과를 거두는 사람은 적은 게 현실이다. 노력을 수포로 만들지 않는 구조를 만들어 주기 위해서 이렇게 한다. 어떤 게 수포로 만드는 구조인가? 자신의 방법이 맞는지에 대한 확신이 없어서 이것저것 노력만 하다가 만다.

포맷은 걱정하지 말라. 내가 이제 다 만들어준 셈이니 거기에 자신만의 물감만 채우면 된다. 다시 말해서 필자가 이제 깔때기나 프리짐을 만들어 준 셈이니 거기에 맞춰서 열심히 하기만 하라. 이제 여러분들은 진군만 하면 된다.

고시를 보던 사람들은 이랬다고 한다. 본인이 과거에도 진군이 필요했는데 주관식에서 진군을 못했던 이유는? '확신이 없어서 거기에 추가로 하지를 못했다.' '여름에도 집합 겨울에도 집합'이었다. '자신만의 노트가 하나의 무기가 되어야 하는데 만들지를 못했다.' 그런 사람들은 이제 진군하라.

(2) 영화 하나 통째로 보기

영화를 봄으로서 이상이 없고 문제가 없는 상태로의 청크를 만들어 두는 것이다. 그런데 영화 하나 볼 정도면 상당히 많은 이야기들이 들어 있을 거다. 그것을 바탕으로 그런 이야기를 하는 것이고 나쁘지 않다. 그러나 영화에 나오지 않은 단어들이나 표현들은 그렇게 안 되고 또 다른 공부로 나서야 한다는 점을 명심하기 바란다.

원래 제일 좋은 것은 평생 기억을 품고 가는 것이다. 근데 그것은 '우연'이 많다. 거기에 준한다. 그것에 준하는 활동이면 그것은 아주 효율적인 언어 외국어 학습의 방법이라고 봐야 한다.

영화 하나를 보다가 성과는 좋았는데, 그 영화에서 다룬 것이 아닌 것들이 나오면 또 그때는 당황하고 난감해 하게 된다. 영화 하나 보기로 어학공부 하기에 대해서도 많은 책들이 나와 있지만 그 방법의 허와 실에 대해서도 책 한권이 가능하다. 좌우지간 수 백편까지 볼 필요는 없다. 자꾸 자꾸 더 봐라. 어학은 모자이크 같아서 그런 식으로 직청직해 단어와 청크가 늘어나면 점점 실력이 올라가서 언젠가는 귀가 '뻥'하고 뚫린다.

(3) 받아쓰기

늘 말하지만 외국어 공부에서 받아쓰기는 공부법의 제왕이다. 단 받아쓰기는 시행이 지루하고 힘이 든다. 받아쓰기를 할 수 있으면 해보라. 그러나 다음의 점에서 우리의 방법이 받아쓰기보다 낫다. 받아쓰기는 어디를 어떻게 해서해야 할지에 대해서 방법론과 범위에 대한 모호성의 문제가 있다. 그것도 사실은 자신이 과단성이 있게 정해야 한다.

〈우리가 우수한 점〉
① 지루하지 않게 한다: 받아쓰기는 지루하고 피곤하다
② 남는 결과물이 있다: 우리의 방법은 단어장을 적어가면서 하기에 남는 결과물이 있다. 그러나 받아쓰기는 아티클을 적은 연습장만이 있다. 물론 받아쓰기 하면서 단어장을 따로 하면 그것은 너무 좋다.
③ 받아쓰기를 하기 위해서 거기에 적절한 교재를 찾아야 하는 수고로움이 있다. 그러나 우리 방법은 바로 하면 된다.
④ 대본만 나와 있는 원고가 많아서 해석은 해석대로 해야 할 상황이 나온다.

(4) 그림 그리듯이 듣는다

일부의 학습법에서는 효율적인 리스닝을 하려면 그림을 그리라고 하는데, 필자는 그림 그리듯이 까지 할 필요는 없지 않나 싶다. 물론 거기서 그림을 그린다는 것은 그럴 여유까지는 생기는 것이지만 필자가 말한 대로 거북스럽지 않거나 로드가 걸리지 않는다면 굳이 그렇게까지 할 것은 없다. 물론 초보일 때는 해봄직하다. 그렇게라도 해야 청크에 대한 감이 생기고 해당 청크가 자기 것이 되니까 말이다.

(5) 글자를 머릿속 가상공간에 타자 치듯이 듣는다

중간 공부 방법으로는 의미가 있다. 다만 그런 단계를 다 거치고 나면 직청직해 수준에 오니까 일단 번거로이 가상공간에 타자 치듯이 할 필요까지는 없다.

5) 어학의 본질

다음의 것들은 외국어 공부의 비유어이다. 이런 비유어를 통해서 여러분들의 어학공부의 본질이 좀 더 깨쳐지기를 바라는 마음에서 정리해서 제시를 해본다. 제시하고자 하는 비유어에는 네트웍/모자이크/성을 쌓듯이/뇌가 변하는 과정/백지에 그리기 등이 있다.

(1) 네트웍

외국어를 하면 다른 세상과의 연결이 된다. 소통의 도구가 생기는 것과 같으니 다른 세상으로 연결이 된다.

(2) 모자이크

마치 큰 댐에 구멍이 뚫리면 막고 뚫리면 막고 하는 것처럼 모자이크를 하는 것과 비슷한 모습이다. 어학은 그런 것이다.

(3) 성 쌓기

하나하나 성 쌓듯이 이루어지는 것이다. 그 의미는 나의 변화의 기록을 담아 보는 것도 어학에서는 중요하다는 의미를 가진다. 성은 중간에 다소 무너질 수 있다. 그러면 또 다시 쌓으면 된다. 마치 외국어를 실컷 공부해놔도 다시금 무너질 수 있듯이 말이다.

(4) 뇌가 변하는 과정

어학은 우리 뇌 속에 해당언어에 대해서 아주 텅 빈 깨끗한 방을 가지고 하나하나 채워나가 뇌를 변화시키는 과정이다. 뇌가 익숙해져가는 과정이다. 한국말도 어려우면 뭔 말인가 한다.
그 예를 들어보면

전고체 전지에서 역압류 현상은 최근의 과학자들이 도플러효과에 의한 상간섭 현상을 지적하기 전에는 딱히 학계에서 문제 삼지 않았다.

한글로 된 문장이지만 전혀 이해가 안 되지 않는가? 언어 공부는 수준의 문제가 크다.

(5) 백지에 그림 그리는 과정

뇌 속의 백지에 그림을 그리는 과정이라고 봐야 한다. 그러나 앞에서 말한 '굳이 그림까지 그릴 것 있나?'하는 그림을 그리는 과정에 대한 것은 아니다. 그래서 모자이크랑 비슷하게 느껴지는 것이다. 다시금 말하면 외국어를 배우는 것, 익히는 것은 하나하나를 자신의 뇌가 그 단어와 청크의 소리에 익숙해지게 하게 하여 뇌가 변하는 과정이다.

2. 동영상을 활용한 멀티 청취

1) 의미

뜻을 보면 다음과 같다. 중국어는 여전히 습득한 단어가 부족하고 그에 따라서 가청단어 부족으로 인해 리스닝이 잘 되지 않는다. 그런데 텔레비전 프로그램의 특징이 자막이 나오고 음향이 나오니까 좀 다른 노력으로 받아쓰기나 소리를 끝까지 따라가기 효과가 나오게 할 수 있어서 좋다. 그렇게 자막을 보는 모드와 자막을 보지 않는 모드로 나눠서 들을 때 훈련을 해보자.

2) 2가지 모드 학습

(1) 2가지 모드

① 모드1 (소리 위주 모드): 그냥 소리 위주로 듣고 모르겠으면 소리에 집중하여 소리를 적고 받아쓰기도 하는 모드이다.
② 모드2(자막과 소리 동시 모드): 소리와 자막을 같이 보면서 전체적인 한국어 의미까지 따라가는 모드이다. 실시간 해석이 같이 가야 한다.

모드2가 가져다줄 좋은 효과는 전체적인 파악이 된다는 점이고, 리듬감도 길러진다는 점이다. 그리고 모드1을 통한 연습이 잘되면 생길 수 있는 상태가 미리 가늠이 된다는 점이다.

(2) 상세

그런데 모드2도 두 가지로 더 세분화 할 수 있다.

① 모드2-1은 그냥 글자를 좀 열심히 보면서 소리는 보강을 받는 구조이다. 이것은 진정한 이해보다는 약간은 샤워에 가깝지만 과거에는 이런 것조차 하지 못했다. 즉 실시간으로 이해에 대한 시도조차 하지 못했다는 점에서 보면 나쁘지 않은 시도이다.
② 모드2-2는 소리에 집중을 하면서 다소 안 들리는 것 내지는 확인받고 싶은 것만 그것을 보면서 확인하는 구조이다.

추가적으로 영어로 나오는 방송도 한글 자막이 있다면 그것도 이 범주에 넣어서 생각해 볼 수 있다. 비록 하나하나의 영어 단어의 뜻을 자막화한 것은 아니라도 조금 숙련도가 생기면 충분히 활용할 수 있는 방법이다.

3) 텔레비전 학습의 좋은 점

(1) 받아쓰기의 대안

원래는 정통 받아쓰기가 최고긴 하다. 그러나 거기에 대한 합리적 대안이다. 받아쓰기가 잘 안 되는 이유는 ①교재가 재미가 없다. 액티브하지 못하다 ②귀찮다. 왔다 갔다 하기도 하고 제대로 책상에 앉아서 해야 한다. 그런데 사람은 눕고 싶고 텔레비전 보고 싶다.

(2) 시간을 가장 효율적으로 쓰는 것이다

그렇게 해서 한국말로 받아써봤는데 혹 적절한 단어를 못 찾아도 소득은 있다. 즉, '아 그런 단어 그런 소리로는 일본어에(또는 영어에 중국어에) 없나보다'하고 느끼는 효과가 있다. 헛수고가 없다. 그런 소리의 단어가 없다는 것을 캐온 것만으로도 큰 소득이다.

그래도 텔레비전에 나올 정도면 우리 실생활에 가장 가깝다는 소리이니까 제일 우리가 필요한 것들에 대해서 공부한다는 적절성과 친밀감이 생긴다.

(3) 지루하지 않다

계속 새로운 뉴스나 정보가 나오니까 지루할 새가 없다. 물론 뉴스 등을 별로 체질적으로 싫어하는 사람에게는 좋지 않다.

또한 텔레비전은 나름대로 시각적 음향적 복합장치이다. 그래서 청각과 시각 그리고 그 시각 중에서도 움직이는 동적 시각을 활용하고 있다. 그래서 나쁘게는 바보상자라고 부르기는 하지만 말이다.

(4) 뭐부터 공부하지 하는 고민이 없다

뭔가 교재를 가지고 할 때는 뭘 가지고 하지? 하는 식의 고민이 있는데 이것은 그럴 필요가 없다. 어학공부는 어차피 모자이크 공부이다. 그러니 텔레비전에서 차려준 밥상대로 하면 된다. 어학은 모자이크 채우기 같은 것이다. 외국어는 모자이크 싸움이다. 모자이크를 채워나가는 것이기에 하루에 하나씩 하나씩 하라.

사실 제대로 공부를 완벽하게 한다면 사전을 보는 게 맞다. 그런데 누가 사전을 통째로 보겠는가? 그러니 그 중에서 가장 많이 쓰이는 것 위주로 해서 봐야 하는데 그게 바로 이것들이다. 텔레비전이다. 랜덤 하지만 귀에 잘 포착되는 것부터 차례차례 나의 뇌의 먹잇감이 된다.

(5) 실시간이 압박을 준다

'이 시간에 이 지구상에 저런 말이 나오는데 저런 정보가 나오는데 내가 모르다니 내가 이해를 못하고 있다니'라는 자괴감과 압박감을 주면서 방송이 흘러나오기에 실시간의 텔레비전은 아주 학습효과가 좋다.

 4) 자막을 보면서 공부하기와 그 효과

(1) 일단 편하게 본다

모드2에서는 텔레비전 소리를 들으면서 자막을 같이 보거나 먼저 자막에 눈을 고정시켜놓고 소리를 들어본다. 그러면서 '아 저건 소리를 모르겠다.' 하거나 '저건 소리가 좀 알쏭달쏭하다.'하는 부분이 나오면 그런 것은 메모를 해둔다. 그리고선 다시 나중에 자리를 옮겨서 찾아서 정리한다. 다만 바로 옆에 컴퓨터나 노트북이 있으면 바로 확인한다.

그것을 정리하는 작업을 거쳐야 하는데 필자가 말하는 정리란 그렇게 들어서 한국말로 적은 소리로서 네이버 전자 사전으로 가서 역으로 한글로 타자를 쳐서 나오는 단어들을 잡아내는 것이다. 이젠 정말로 정보 수집이 편리하고 좋은 시대라서 그렇게 하면 웬만한 단어들은 다시금 튀어 나온다. 네이버 등에서도 어느 정도 여러 가지 소리를 감안해서 전자사전을 만든 모양이다. 과거와 같은 종이책 시스템에서는 찾기 힘든 학습법이다. 그런 정리를 반복하면서 자꾸 일본어의 방송이나 그 소리가 익숙해져야 한다. 그게 바로 동적인 과정이기 때문이다. 그런 동적과정이 쌓이고 쌓일수록 실력이 쌓인다. 이게 정통코스다.

(2) 효과

두 가지 효과가 있다. 먼저 ①쉬운 것은 다지는 효과가 있다. ②다소 어려운 것 찾을만한 것은 찾아나서는 효과가 있다. 즉 들어본 아티클 공부하는 아티클 중에서도 쉬운 것은 일단 따로 정리할 필요가 없이 자신의 머릿속에 다 입력이 되고 정리가 되어 있는 상태이다. 그러나 ②의 상태는 이제 그게 자극이 되어서 새롭게 정리를 하고 이제 자신에게 더 친숙한 상태가 되게 거리 좁히기를 들어가야 한다.

너무 애써서 별난 문장 별난 무엇을 하려고 해봐야 효과가 없다. 그런 것에 의존하다가 효과는 효과대로 없고 더 진행할 수 없다. 임팩트가 떨어지기 때문이다. 아주 강한 흡입력을 갖고 있거나 아주 어릴 때부터 (뜻도 모르고) 흥얼거렸다든지 하는 정도가 아니면 수의 함정에 빠져서 기억의 매개체로서 작용하기 힘들다.

또한 중요한 것은 반복하는 것이다. 무엇이든 반복해서 하다보면 복원의 시간이 점점 적게 걸린다.

5) 다른 방법과의 비교: 영화 하나 계속 보기와 비교

아주 수많은 외국어 공부법이 있지만 영화하나 열심히 보기를 하나의 예시로 비교를 해본다. '영화를 하나 계속 보는 게 재미도 있고 스토리 내용도 있으니 텔레비전을 랜덤하게 보는 것보다 낫지 않은가.' 라고 생각이 가능하다. 그러나 다음의 점에서 우리의 방법이 낫다.

① 무용한 반복이 영화에 있다: 영화는 처음에는 좋은데 나중이 되면 아는 내용을 계속 봐야 하는 부분들이 생겨서 좋지 않다.
② 내용에 대한 이해가 이미 되어 있기에 리스닝 자체에 충실이 떨어지게 된다: 아무래도 영화를 처음 볼 때는 흥미롭게 보는데 자꾸 보면 아는 장면은 스킵하지 못하고 자꾸 보게 되면서 학습적 진척은 그 부분에서는 다소 떨어지게 된다.

6) 받아듣고 적기

이 과정을 굳이 정의를 내리면 받아듣고 적기라고 정의를 내리고 싶다. 받아듣고 적기 관련해서 다음의 사항들이 문제가 된다.

① 지금 이동하면서 받아쓰기/받아듣기가 된다는 점이 대단하다.
② 끊어서 생각하는 기본 사고가 조금씩 잡혀가니 그게 가능한 것이다.
③ 그렇게 해서 모자이크 식으로 실력을 늘려간다.
④ 이렇게 해보면 일본어/중국어와 영어는 좀 다르다는 것을 느끼게 된다.

특히 ①을 하기 위해서는 이동하면서 잘 안 들리는 분야를 말로 해서 휴대폰 녹음에 담으면 된다. 일본어 중국어는 듣고 적어가 녹음했다가 네이버를 통해서 다시금 정돈이 되는데 영어는 네이버로 정돈은 힘들다. 그래도 단어 실력이 향상되면 다시금 단어를 청크로 정돈은 가능하다. 단어 실력이 향상

되면 영어는 네이버의 도움 없이도 받아듣기가 가능해 진다.

받아듣기만 해서는 의미가 없다. 들어서 잘 모르겠는 것을 적어서 다시 확인해보는 과정이 반드시 필요하다. 단 시간이 많지 않고 이동도 해야 하고 컴퓨터 등을 찾아서 해볼 수 있는 환경이 아니기에 받아 듣고 적기를 해야 한다. 즉 정리를 해야 한다.

 7) 사례

자신의 20년간의 중국어 숙제 해결이 되었다고 말하는 K선생님의 경우이다. 그 분은 자신에게는 두 가지 고민이 있었다고 한다. 영어 선생으로서 늘 중국어에 관심이 컸는데 ①무엇부터 먼저 공부해야 할지 ②하기도 좀 그렇고 안하기도 좀 그렇고 또한 ③자신이 아는 것 같기도 하고 모르는 것 같기도 하는 그 기준이 좀 애매했는데 우리의 방법이 그런 고민을 해결을 해줬다고 감사해했다. 일단 공부는 그냥 부딪치는 순서대로 한다. 모르면 해야 한다. 단 그 동기부여를 위해서도 자신이 들어서 자연스러운 직청직해의 수준 내지는 먹거리 수준이 되지 못하면 아직은 공부가 필요한 것이다. 그것들이 다 해결이 되었다.

3. 받아쓰기

 1) 영어 받아쓰기의 핵심: 소리 분석과정

(1) 과정의 분석

순수 자연적 한국어 표현소리는 그 뒤 진짜 철자 보기, 그에 맞춘 다시 제대로의 들리는 소리, 그에 따른 진짜 철자와의 정합성 듣기의 순서로 이뤄지고 다듬어 진다. 언제인가 앞으로는 그렇게 누군가가 힌트를 주지 않는 소리를 들어야 하기에 이 과정을 확실히 염두에 두기 바란다.

(2) 받아듣고 적기의 기본이 확립이 된 후 부수적 고민

① 얼마나 많이 해야 하는가? ② 뇌가 튜닝이 될까? 지속적으로 연습하면 반드시 된다.

(3) 이 과정들에 대한 정의 내리기

① 소리의 변형에 내지는 진솔소리에 가까이 뇌가 가까이 가는 과정이다. 즉 '이 소리가 이 단어이더라.'를 깨닫는 게 중요한 게 아니라 더 진솔소리를 캐치해가는 게 의미가 있는 과정이다.

② 그간에는 '그렇게 소리를 적어둔다고 뭐 나중에 쓰나?' 이런 생각이 많았는데 이렇게라도 해야 해당소리(우리나라소리)는 정착이 되고 뇌에 정착이 되고 한다. 그전에는 받아쓰기나 받아듣기를 하고선 기록도 안하고 넘어간 것들이 이제는 한국말로 하나의 주소 번지를 남겨서 정착을 시켜둔다. 이게 누적이 되어야 실력이 쌓인다. 대충 넘어간 것들이 많았다. 이런 단어 조합으로 이렇게 될 것이라고 그냥 소리 분석 없이 대충 넘어가니까 나중에 같은 것을 들어도 무슨 소리인지 판명이 안 된다. 우리는 더욱더 소리에 집중한다. 그 소리가 이런 소리로(대충이 아니라) 들린다는 식으로 정확한 한국어로의 소리 분석을 하고 넘어간다. 소리에 집중 못하고 단어에 얼추 그냥 해석해버리고 마니까 제대로 파악이 안 되는 것이다.

③ 바른 입력이 필요하다. 여기서의 바른 입력이란 정말로 올곧고 바르다는 의미가 아니라 제대로 입력한다는 의미를 가진다. 그들이 그렇게 정확하게 발음하지 않는 것을 정확히 발음한다고 생각하고 받아쓰기하고 입력을 하려

고 시도 했으니 잘 될 일이 없다.

이렇게도 들릴 수 있고 저렇게도 들릴 수 있으면 두 가지 소리를 다 적어둔다. 그래서 다양한 가능성에 다 대비한다. 즉 그간의 일반적인 받아쓰기는 그런 중간의 아주 중요한 소리 과정을 생략하고 받아쓴 경우들이 많았다. 그런데 교포들처럼 늘 그 언어 환경 속에서 생활하면 이런 과정 없이도 익숙해지지만 우리처럼 계속 그 언어를 쓰지 않는 사람들은 답답할 뿐이고 그러니 실력이 늘지 않는다.

이런 소리 청크를 하나하나 채워가는 맛이 있다. 그러나 중복도 나오면 이제 직청직해 영어능력자가 되는 것이다. 이런 소리 청크를 몇 개를 만들어야 하는가? 그 개수는 언어마다 그리고 학습자가 노리는 수준마다 다르고 해서 딱히 잘라서 이야기 할 수는 없다. 그러나 중요한 것은 학습자 자신은 얼마정도의 청크 보따리 돈 보따리를 갖고 있는지를 스스로 가늠을 하라는 것이다.

잡아주면 자신감이 생긴다. 이제 여기에는 이 부분에는 내가 더 이상 무용한 반복이 없겠구나 하는 보람에서 "너 왜 그렇게 발음안하면서 대충 넘어가려고 해?"하는 것을 잡아내는 마음이다. 그러나 잡아낸다고 해서 그 발음자가 그렇게 까지 잘못한 것은 아니다. 우리도 그렇게 하기 때문이다. 우리 한국 사람도 말이다.

어렵사리 그 네이티브는 발음하는데 우리 귀에는 그게 (주파수가 다르다든지 해서)안 들릴 수 있는 것이다. 이것도 시행착오를 통한 완성논리이다.
사람마다 들리는 게 다를 수 있으니 사람마다의 노트도 다를 수 있다. 생략이나 변칙이 밥 먹듯 느껴져야 고수가 된다(우리 한국어도 그런다). 궁금해서 들었는데 그게 나름의 소리 논리대로 맞아떨어지면 그 쾌감이 대단하다. "또 할 필요가 없다(무용한 반복이 필요 없다.)"가 굉장히 강력한 무기로 작용한다.

2) 받아쓰기 또는 받아듣기(그러면서 녹음해두기)가 가능한가?

단어 위주로 잘 생각해보면 주로 체크되는 것은 연음과 청크이다. 그렇게 해서 익혀야 할 청크가 얼마나 될까? 그것도 한글의 도입인가? 한글이 도입되면 과거 추입노트 같기는 하지만 효율적일 듯하다. 한글이 도입되면서 영어단어중심이 되어야 할듯하다. 복합기준이다. 받아듣기가 시스템이 완비가 되어서 이미 문제가 되는 부분이 없이 완벽히 구현이 된 것인가? 그건 영어를 해봐야 알 듯 하다라고 말할 수도 있으나 거의 그렇다.

3) 받아듣고 적기 문제의 해결의 시도

(1) 불가능해 보인다

영어는 중국어나 일어의 받아듣기와는 조금은 다르게 접근해야 한다. 원래의 이상적인 상태로 생각하면 영어도 제대로 안 듣고 청크를 할 수는 없고 지금은 불가능해 보이는데 사실은 그 단계까지 가야 한다는 것이다. 어찌보면 지금 불가능한 일을 하라고 하는 것이다.

(2) 영어의 받아듣고 적기 포인트

잘 들리지 않는 것이나 아예 들리지 않는 것을 받아쓴다. 지금 다른 것은 듣고 받아듣기를 하고 있는데 영어는 들리지 않는 것을 받아쓰기를 한다. 영어노래도 마찬가지이다.

(3) 영어의 받아듣기 노트도 여러 가지 것을 해야 하는가?

단어중심으로 하면, 혹 적을 때는 의미가 있어도 시간이 지나고 한참 후에 보면 그냥 대본 같아서 의미가 떨어져 보인다. 대신에 우리말 소리 중심으로 하면 작성할 때는 어색해 보여도 나중에 시간이 지나고 나서보면 상당히 유용성이 높다.

 4) 받아듣고 적기 문제의 해결

(1) 문제

어떤 받아듣기 노트나 단어장이 정리가 되어야 영어가 효율적으로 들리고 그렇게 연습을 할까? 하는 궁극적 문제가 있을 수 있다.

부수적으로는 한국말 한소리에는 딱 하나의 청크만이 작용하는가? '원래 그 청크는 이렇게 발음되어야 하는데 그 노래 그 상황은 이렇게 발음된다.' 같은 논리가 있는가? 등이 해결이 되고 고민을 해봐야 한다.

(2) 문제 해결을 위한 중간 개념에서의 확실한 결론 도출

① 그래도 기계적 훈련은 필요할 듯하다. 듣지 않고도 나오는 수준. 즉 한국말만 보고도 나오는 정도가 되어야 한다고 본다. 근데 그게 좀 영어랑 일어, 중국어는 달라서 문제이다. 어떻게 다른가? 일어 중국어는 일단 연음 등 자체가 많지 않으니 같은 아나운서의 발음이라도 일어 중국어가 영어보다 더 쉽다. 영어의 노래와 일반 음성은 일어 중국어의 노래와 일반 음성보다 더 변형이 많이 나서 더 어렵다.

② 그 원리는 한국말에서 그 언어가 나올 수 있어야 들리는 것이다(일어에

서 촉발했고 중국어로 전이된다) 그때의 한국말은 그냥 발음일 뿐 소리의 매개자에 불과하고 전혀 의미를 포함한 한국말이 아니다. 그러려면 한국어의 발음이 모든 타 언어의 소리를 캐치해줘야 한다. 근데 그나마 한국말은 다양구가언어라서 상당히 소리를 캐치한다.

③ 영어의 청크가 의미가 있는가? 있다면 정확히 담아야한다. 지금으로서는 의미가 있어 보인다. 어차피 그 단어들의 길은 그렇게 갈 것 같아 보이고 하나의 같은 영어 청크를 우리말로는 다르게 표현할 일이 있는가? 이것들은 연음 등이 문제가 아니다. 연음은 그래도 정식적 모습이다. 이것은 다음과 같다.
(i)더 연음(된 연음) (ii)더 축약 (iii)생략 (iv)바람 빠지는 소리 이다.

그래서 영어 아나운서도 연음은 정확히 구가하지만 실생활 스피커는 연음에다가 앞서의 네 가지를 구현한다. 한국말로 쫙 써놓은 청크 정리가 의미가 있다. 지금의 중국어 일본어 받아들기처럼 추리해서 사전보고 풀지는 못할 것 같다. 그게 다른 구조이다. 왜 다른가? 중국어 일본어 받아쓰기는 답을 안 봐도 추리하면서 내지는 역사전(발음에서 해당언어단어 유추)을 보면서 나온다. 그러나 영어는 그게 불가능하고 어렵다. 다만 단어 공부가 되어 있는 편이라면 가능할 수도 있다.

④ "뭐부터 시작하지?"논리에는 이것도 적용이 가능

되게 많은 한국말 소리로 정리된 청크 모음이 있으면 그것은 영어 어학적 재산은 될듯하다. 반면에 영어단어만 이어 놓은 것에서는 그다지 나중 효용성을 발견 못 할 듯하다. 그렇게 이어져도 또 다음소리를 만나면 별로 효용이 없을 듯하다. 소리가 중심이 된 언어 공부가 되어야 한다. 극단적으로는 영어의 발음기호만 쫙 보고도 답이 나와야 한다.

5) 이 방법의 절묘한 요소와 다른 곳에의 응용

이 방법의 절묘한 요소는 일단 하나의 매체를 잘 활용(텔레비전)한다는 것+받아쓰기를 한다는 것+정리를 한다는 것+정리도 그냥 노트가 아니라 한국어의 소리 노트로 한다는 점이다.

이런 요소를 다른 공부 방법, 예를 들어 영화 하나 보기에도 적용을 한다면 확장 학습이 가능하다.

4. 문법 없이 듣기

1) 의미

(1) 한국 내 외국어 교육의 문제

우리는 너무 오랜 세월 문법에 천착해서 듣느라고 힘들어 했다. 근데 사실 우리는 벌써 진작부터 이걸 하고 있었다. 바보가 아닌 이상 그걸 하고 있었다. 머리가 알아서 조합해준다. 그러기 위해서래도 단어와 청크를 먹거리수준(직청직해 수준)으로 해둬야 한다. 그러면 왜 우리는 왜 그토록 문법책에 천착했을까? 뭐래도 읽으려면 그런 게 필요했다고 생각했던 것 같다. 즉 읽는데 막히고 듣는데 막히면 문법을 해야 뭐가 다 풀린다고 생각했던 것 같다. 그리고 문법은 시험을 내고 사람을 평가하고 공부를 시키기도 너무 좋다. 그러니 우리의 외국어 교육이 죽은 문법에 너무 천착 집착한 것 같다.

(2) 만능 소스 만능 문법

아래에서 소개하는 것은 만능 문법이라고 생각하면 된다. 요리연구가 백종

원이 무엇이던지 어떤 경우든지 써먹을 수 있는 그래서 무슨 요리를 해도 감칠맛이 나게 하는 소스를 '만능 소스'라고 표현한 것을 보았다. 필자가 이야기 하는 것은 필자가 4개 국어를 하면서 익힌 것이기에 감히 '만능 소스'에 대비되게 만능 문법이라고 이름붙이고 싶다.

(3) 좀 더 중심 단어에 집중해서 파악해라

문법에 빠지지 않으면 좀 더 중심 단어와 하고자 하는 말에 더 집중해서 들을 수 있다. 소위 말하는 체언에 더 집중해서 들을 수 있다.

 2) 어떻게 할까?

(1) 단어와 청크에만 집중 한다

여기서 청크는 호흡단위가 됨에 유념하라

(2) 연결은 그냥 맡겨두고 던져둔다

어떻게 그게 연결이 되지? 하는 사람은 사실 청크들이 공고히 되지 않아서 그런 것이었을 뿐이다. 그냥 순접연결이라고 생각한다. '그래도 역접 연결 관계가 있지 않나요?' 하는 사람에게는 자연스럽게 해결이 된다고 말해주고 싶다.

 3) 그래도 가능한 이유

(1) 명사 중심으로 동사와 형용사는 따라올 뿐이다. 서로 접붙이기가 중요하다.
(2) 전치사 조사 등은 상대적으로 중요성이 부족하다.

(3) 접속사 등은 다소 강하게 발음되기에 파악이 나쁘지 않다.

 4) 명사중심의 어학사고

(1) 모든 어학은

모든 언어, 어학이 예외 없이 명사 중심으로 표현하게 되어 있다. 명사 중심은 아래와 같은 의미를 가진다. 거의 모든 해석과 외국어 공부의 흐름은 명사중심으로 간다. 명사가 가장 중심의 생각을 형상화 하고 생각이 뻗어나가는 중심을 잡아주기 때문이다. 그래서 문장의 비중은 명사가 50, 동사 30, 형용사 20 정도이다. 결국 명사가 어디로 가고 뭘 하고 어떤 상태인가의 흐름이 언어이다. 엄밀히 말하면 말이다. 그러니 명사가 중심인 것은 맞다.

(2) 영어는 동사 중심?

영어는 동사 중심이라고 하는 것은 영어는 한국어나 일본어와는 달리 명사 뒤에 형용사가 많이 나오지 않고 그것조차도 중간에 is 나 are 와 같은 be 동사를 받아서 처리를 한다는 의미로 보면 된다. 특히 중국어는 명사 중심임을 이해하자. 품사의 문제가 중요할까? 영어만큼이나? 그런데 생각은 명사가 중심이 많이 됨에 대해서 판단하자. 즉 부사적인 것도 명사로 해결하고 형용사적인 것도 명사로 많이 해결한다고 생각하면 좋다.

(3) 청크 단위로 보면 모든 외국어는 다 한통속이다

외국어는 청크 단위로 보면 다 같은 한통속이다. 그러니 문법이 사실은 필요 없다고도 극단적으로 말할 수 있다. 그렇게 보면 언어는 직청직해 쌓기이다. 조합은 청크별 해석만 잘되면 그다지 문제 안 된다는 입장이고 그것의 혼합은 문제가 안 된다는 입장이다. 그런 마인드가 중국어 작문에는 힘들 수 있지만 그래도 리스닝 등에서는 도움이 될 것이다. 품사에 대한 고민을 많이 하지 않아도 되니까 말이다.

(4) 그렇다면 다른 품사는 주로 무엇이 있는가?

동사 형용사를 주의하라. 명사가 아니면 동사가 중심이 될듯하다. 특히 복합동사를 조심해야 한다. 그리고 형용사가 문제된다. 중국어에서 부사는 있을까 없을까? 중국에서는 부사는 없을 듯하다. 주로 的 정도로 넘어갈 듯 하니까 말이다.

 5) 그래도 조금은 봐둘 것

(1) 시제

과거냐, 현재냐, 미래냐 인데 사실 이것도 그리 중요하지는 않다. 눈칫밥으로 대충 때려 맞추면 과거인지 현재 이야기인지 미래이야기인지 알기 때문이다. 다만 영어 같은 경우는 과거와 현재의 동사 자체가 다른 경우들이 있다. speak(현재)-spoke(과거)처럼 말이다. 과거형에 규칙적으로 ed를 붙지 않고 불규칙하게 변하는 동사에 대해서 알고 있어야 한다. 일본어 같은 경우는 어미에 마시따(ました)를 쓰고 중국어는 르(了)를 써서 표현을 하듯이 말이다.

(2) 서양어와 중국어는 '전치'라는 부분 때문에 피곤하다

우리나라만 해도 무엇을 무엇에 라는 식으로 '을'과 '에'처럼 보조사들이 단어 뒤에 오는데 일본어에 비해 서양어와 중국어는 전치로 오게 된다. '게이 워' 나 'in my house'처럼 말이다.

6) 리딩에서의 적용

(1) 적용 전에

내가 말한 혜안을 가지고 보면 리딩도 쉽다. 리딩의 효율성도 이러한 문법에 너무 천착하지 말고 봄에 중점을 둔다. 즉 결국에는 명사를 중심으로 해서 그 해당 청크가 와 닿으면 되는 것이다. 그런데 지금 내가 리딩을 잘하고 있는 것일까 하고 생각하면 오히려 더 스트레스를 받는다.

(2) 적용 후

만약에 영어로 쓰여진 미식축구와 관련이 된 책을 본다고 해보자. 그것은 아마도 한국말로 봐도 이해가 쉽지 않을 것이다. 미식축구 이야기처럼 그림과 그 그림에 따르는 무엇이 되고 그것이 팍팍 머릿속에 잡히려면, 필자가 말하는 어학실력의 꿈이 이뤄지는 단계는 바로 그런 상황들이 머릿속에 방송한글 자막 번역처럼 멋들어지게 번역이 되는 상태를 말한다.

그런 식으로 중국책 일본책도 봐야한다. 그렇게 한국의 리딩과 같이 생각하자 한국어 리딩도 아마도 여러분들이 교보 등에서 잠시 서서 짧게 임팩트 있게 볼 때는 사실 문법같은 것 생각안하고 여러분들이 보는 주요부 위주로 보게 된다.

(3) 예시

아래의 글을 보자. 유력일간지 신문의 기사의 일부이다.

문제인 대통령을 맞이하는 사람들이 전보 나와서 다 환영의 의시를 표현했다.

저 문장을 뚫어지게 본 사람이나 필자의 이야기를 전개를 예상한 사람들은 저 글을

문재인 대통령을 맞이하는 사람들이 전부 다 나와서 환영의 의사를 표현했다.

로 이해했을 것이다. 이런 상황은 우리도 평소에 한글을 보면서 문법이나 오타 기타 소소한 실수가 있어도 한글을 의미단위로 받아들이고 이해하기에 뜻을 잘 파악할 수 있음을 말해준다. 그러니 평소에도 청크의 문제에 신경을 써라. 소소한 문법은 그다지 중요한 게 아니다. 즉, 읽을 때도 리딩을 할 때도 너무 연관관계나 연결 관계에 신경 쓰지 말고 읽자.

(4) 리듬감

리딩은 자연스럽게 리듬감을 가지고 읽게 되니까 또 역시 부담이 덜하다. 크게 읽으라는 것도 결국에는 리듬감을 가지게 하기 위한 것이다. 리듬감이 있으니까 왜 좋은가? 중요한 체언에 더 강조를 해서 읽게 된다는 것이다.

5. 억지로라도 들은 결과를 토해내기

1) 방법의 대략

토해내지는 않으면 의미가 떨어진다. 즉 억지 사유를 하게하고 그에 따른 분출을 하게 한다. 그래서 토해내는 모습은 한글로 한다. 아니면 (영어를 한다면) 영어로라도 한다. 근데 한글까지 하면 좋다. 뇌가 더 열심히 움직이려고 한다. 특히 원래는 받아쓰기를 하는 게 제일 좋은데 받아쓰기는 여러 번 들어야 하지 않은가? 그런데 그렇게 일상생활은 여러 번 받아쓰기를

할 수가 없다. 이번에 못 들으면 다음에 비슷한 게 나와서래도 듣게 하게 한다.

 2) 이것도 일종의 추입과정이다

추입이란 원래 경마용어이다. 따라가기 내지는 좀 속어로 좆버라고 번역이 된다. 목표를 주니까 따라가게 되는 것이다. 이것과 소리를 전부 따라가기는 다소 상치 관계일수 있는데 최대한 해보고선 안 되면 되는 데까지를 추입해서 해본다.

 3) 길게 길게 하지 말자

영어 리스닝의 경우도 길게 길게 들으려고 하지 말고 짧게 짧게 듣고 판단하고 머리에 심어둬서 이해를 하자. 길게 가봐야 들리지도 않고 (국어와)논리 회로가 달라서 힘들다.

 4) 이 방법의 의의

개인적으로 잘 따라 들어보면 굳이 이 방법을 할 필요가 있는가? 이 방법을 고민할 때는 개인적으로 의식의 흐름에 따라서 별로 지장이 없이 직청직해 수준으로 가면 별로 이렇게 할 필요가 없다는 생각이 들기도 했다. 그러나 독자들 중에서 이 방법이 좋은 사람은 이렇게 해보라. 또한 이것은 아직은 어느 정도 리스닝의 경지에 이르기 전에는 중간단계에서 의미가 있다. 이렇게 해야 더 실력이 빨리 올라가기 때문이다.

자꾸 자신을 오픈을 해야 어학은 확실히 는다. 그런 의미에서도 의미가 있다. 그래야 일반적으로 하는 방법인 얌전히 듣고 얌전히 적는 것보다 훨씬 더 의미가 있다.

완전히 알면 이 방법은 조금 효용이 떨어질 수 있다. 이 방법은 완전히는 모르거나 너무 완전히 알거나 할 때에 의미가 있다. 전자의 경우에는 생존용으로 의미가 있고 후자의 경우에는 점검 및 검산용으로 의미가 있다.

6. 살아 있는 소리에 집중하라

 1) 살아있는 소리를 채록하라

(1) 의미

비행기 내에서 들리는 소리가 얼마나 의미가 있는 살아있는 소리인가? 그렇다면 그것을 채록해서 자주 듣고 자기 것으로 만들어라.

(2) 왜 살아있는 소리가 중요한가?

다음과 같은 이유로 우리 일상의 주변에서 흔히 들을 수 있는 살아있는 소리가 의미가 있다. ① 자주 들을 가능성도 효용성도 높다. ② 그 말을 어디에 넣는다. 소리의 중요성에 넣는다. ③ 잡음도 소리의 일부이다. 우리는 너무 깨끗하고 좋은 여건 하에서의 아티클에 너무 익숙하다. 그런데 잡음도 섞인 일반사회의 소리가 의미가 있는 소리이다. 그 적응 훈련이 되어야 한다.

 2) 무엇을 채록할 것인가?

너무 사생활에 문제가 되지 않는 한도에서 한다. 미리 양해를 구하면 더욱 더 좋다. 거듭 말하지만 법적으로 문제가 있을 여지가 있는 일은 하지 않기를 바란다.

3) 어떻게 채록할까?

자신의 휴대전화기에 있는 녹음기능을 활용한다. 모든 휴대폰에는 녹음기능이 다 있다. 아이폰의 경우에도 통화녹음은 안된다고 하시는 분들이 있는데 실시간의 상황 녹음은 아주 완벽히 된다. 그리고 학습목적을 이루고 나면 반드시 삭제 소거 하도록 한다. 남에게 피해를 주면서 학습을 하지는 말아야 한다.

7. 영어권 외국인들과 부딪치기

1) 외국인에게의 접근법

서양 사람들이 문제다. 동양인은 즉 특히 중국인 일본인들은 우리가 접근하는 데에 그다지 크게 문제가 되지 않는다. 그러나 서양인들은 해외에 나가도 일대일로 맞잡고서 대화를 하면 그게 문제다. 용모도 부담스럽고 음성적으로 문제이다. 그것을 극복하기 위해서는 국내에서도 이들에 대해서 어프로치가 편해야 한다.

2) 프랑스어로 말을 건다

창피하지 않게 그들에게 접근하는 방법이 뭐가 있을까? 그걸 알아야 그들에게의 접근이 쉽다. 즉 ①내가 이상한 사람이 아니고 당신에게 접근해서 단지 말을 좀 몇 마디 잘 하고 헤어지고 싶고 ②그랬다가 혹시 거절이래도 당해도 당사자 본인에게도 이상해지지 않고 즉 머쓱하지 않고. 주변의 사람들도 '저 사람 어줍지 않게 저 사람에게 접근했다가 괜히 거절당하네. 창피하겠네.' 이런 핀잔이나 창피를 안 당하는 방법이 무엇이 있을까? 그걸 알아야 그래야 주변에 쪽 팔리지 않고 외국인들과 말을 건네게 된다. 또한 그들에게서도 '바쁜데 이상한 사람이네'하고 면박을 당하지 않게 된다.
그래서 불어회화가 필요하다. 그래서 불어에서로 이렇게 접근한다.
제가 뭐좀 도와드릴까요? Puis-je vous aider avec quelque chose? 퓌 제 베 제 데 아 베 퀠 쿼 슈즈?
한국에 처음이세요? Nouveau en Corée? 누부 온 꼬레?
한국말 할줄 아세요? Parlez-vous coréen? 빨레 뷰 꼬레앙?
특히 여자들에게는 잘못 처음에 말을 걸었다가는 괜히 수작부리는 사람처럼 보일수도 있다. 그런 후에
'한국말 아주 잘하시네요.'Vous parlez très bien coréen. 부 빨리 트레 비안 꼬레안
'한국말 하줄 아세요.' Tu ne parles pas coréen. 투 네 빠 리 베 꼬레앙
'(영어로 이야기 하는 게 편한데) 영어할 줄 아세요?'Parlez-vous anglais? 빨리 부 옹글레
라고 해서 다른 편한 언어로의 전환을 노리면 된다.

II. 소리단어장과 DB탱크

사실 이것도 앞에서 말한 리스닝의 이야기와 일맥상통하지만, 단어라는 시각에서 여기서는 조금은 나눠서 제시를 하도록 한다.

1. 소리단어장의 작성

1) 우리가 언어 내지는 리스닝이 늘지 않는 이유

(1) 단어 지식과 소리 지식의 유리

우리의 언어 내지는 리스닝 지식이 늘지 않는 가장 큰 이유는 단어지식과 소리단어 지식이 유리되어서 그렇다. 이것을 예시로 보면 다음과 같다. 예를 들어서 단어 정리할 때 보면 중국어로 窗户라고 적어두면 [chuānghu] 창호 이렇게 적는다. 즉 窗户라는 중국어 단어가 발음은 [chuānghu]이고 뜻은 우리가 집에서 쓰는 창호라고 적어두는 게 우리의 일반적인 단어장이다. 출판이 된 형태이던 아니면 여러분들이 수기로 즉 손으로 쓰더라도 말이다. 그리고 만다. 즉 글자로 해서 중국어로 窗户라고는 금방 알아도 소리로 해서 추앙후 하면 발음하면 무엇인지가 확 안 떠오른다. 그게 바로 우리의 단어 공부가 잘못 되어 있다는 것이다. 이게 우리의 어학학습의 걸림돌이다. 다시금 이야기 하지만 단어를 소리로 익혀야한다.

(2) 소리가 받쳐줘야 언어가 다 잘 머릿속에 들어가고 잘 펼쳐진다

① 특히 일본어 등에서 그냥 글만 봐서는 곤란하다. 같은 한자라도 읽는 방법이 여러 가지이기 때문이다.
② 리스닝을 할 때 그 속도를 처음부터 못 따라가면 아직은 단어 각각이 체득이 되지 않은 거다. 앞에서부터 직청 직해 수준으로 못들은 단어가 누적되면서 결국 항복하게 되는 것이다.

(3) 경험적 판단

필자가 컨설팅으로 U대학원생에게 공부의 과정 특히 일본어의 공부의 과정을 지켜보고 검토해준 결과는 결국 좀 더 소리에 집중을 시켰어야 한다는 것이다. 내가 하자는 것이 소리 집중이니까 의미 집중 또는 의미중심보다는 말이다. 한자가 많이 적혀 있으니 책은 그럭저럭 읽는데 리스닝은 거의 안 되었다. 듣고서 어떤 한자의 독음인지 파악하는 것이 어렵다. 그게 안 되니 스피킹도 안될 수밖에 없었다.

 2) 소리단어장을 만들면 그것부터가 진정 어학실력으로 가는 것이다

(1) 그것을 만들기 전에는 반쪽 실력이다

그리고 그렇게 못했던 이유는 영어 때문이다. 영어는 소리에서 단어로 가는 게 그다지는 아주 어렵지 않기 때문이다. 왜? 특히 영어의 성질이 소리대로 적는 것이 있기 때문이다. 그런 관점에서 다른 언어를 비교하면 ①일본어는 그대로 적기는 하나 일단 우리에게 히라가나 가타가나 자체가 어렵다. 그리고 한자도 있다. ②중국어는 소리대로 적어봐야 그게 한자로 바로 연결이 안 된다.

(2) 한국말로 지어진 비싼 단어장

여기서 자신이 만든 단어장이 비싸다는 의미는 그 만큼의 노력과 수고가 그 글자들 안에 들어갔다는 의미이다.

(3) 한글로 해서 이해한다면 더 완벽히 이해하는 것이다

영어에서도 마찬가지이다. 이는 한국어의 우수성에서 나온 것이다. 예를 들

어서 '다' '따' '타'와 같이 비슷하지만 다 다른 발음이 있다는 것은 한국어의 우수성이다. 물론 일본어도 이것을 조금은 다르게 할 수는 있지만 일본어는 '타'의 경우에는 좀 약하다. 그렇기에 외국인들이 지나가면 더욱더 한국어로 캐치하고 싶어진다. 특히 그것이 영어 등의 서양어로 가면 더욱더 우리 한글의 표현적 우수성이 드러난다. '떡볶이'만 해도 서양인들은 '턱폭기' 정도로 발음한다. 물론 우리가 다소 약한 것은 에프 발음과 피 발음이다. 그 부분은 나중에 기회 될 때 살펴보도록 하자.

(4) 보조 두뇌

단어장은 보조 두뇌로서의 기능도 가진다. 그리고 '아 이거였지?' 하는 기능도 가진다. 인간의 기억력은 한계가 있다.

3) 받아쓰기 또는 준 받아쓰기가 겸비가 된다

하루에 몇 개씩 해야 한다. 그게 누적 누적이 되면 숫자가 되어서 누적수가 된다. 그러다 보면, 어떤 것은 비익숙이 익숙의 영역으로 가게 된다. 역으로의 퇴보는 별로 일어나지 않는다. 아이들이 처음 글을 배울 때를 떠올려 보라. 자신의 이름에 들어간 글자를 제일 먼저 깨친다. 마찬가지로 누적과 반복이 답이다.

4) 반드시 단어장이 있어야 한다

나만의 중국어 단어장을 제작하는 문제에 대해서 논해보기로 한다. 어학공부에서의 기본은 단어이고 그 단어의 정리는 반드시 자신이 공부한 결과로 직접 제작한 단어장이 필요하기 때문이다.

(1) 단어장이 필요한 이유

단어와 자신과의 거리를 가깝게 하는 것이 외국어 공부의 기본이다. 그러한 것이 표시되지 않은 사전은 무의미하기에 자신의 손으로 쓴 단어장이 필요하다. 그래야 한번이라도 정리한 단어는 자신과의 거리가 가까워지기 때문이다. 그리고 단어장을 써야 자신만의 그 해당 언어의 공부 체계를 세우게 되기 때문이다. 특히 외국어 공부는 그 해당 언어에 대해서 접근하는 자신만의 방법이 중요하다.

단어장에 있다는 것은 그 많은 단어들 중에서 나의 공부의 인지 범위 안에 들어왔음을 나타내는 것이다. 사전에는 수많은 단어들이 있다. 그래도 나의 단어장에 그 단어가 들어왔다는 것은 일단 숙지의 단계를 떠나서 적어도 인지/인식의 단계로는 와 있다는 뜻이다. 그 만큼 생소한 단어보다는 나의 범위 안에 들어왔다는 것을 의미한다.

(2) 시간이 해결해준다

처음에는 단어장 작성이 힘들어도 시간이 지나면서 단어장 정리의 효과를 스스로 체험하게 된다. 과거의 것들이 쌓이고 쌓여 어느 시점이 되면 고생스럽게 만들어 놓은 것들의 효과가 제대로 나타난다.

5) 단어장의 정리 차례를 어떻게 할 것인가?

(1) 순서는 인덱스 순서

특히 인덱스 즉 차례를 어떤 식으로 놓을 것인가와 관련해서 품사가 문제가 된다. 품사별로 배치를 하는 것이 편하기 때문이다. 인덱스 순서란 ABC 순서, 가나다 순서를 의미한다.

(2) 예시 제시

영어의 경우의 예시를 든다. 영어의 경우에는 단어를 일단 중심으로 하고 청크를 해당 중심단어에 붙여서 한다.

버러오도즈	*but oh oh those(그리스 서머)*
버쥬	*but you (그리스 서머)*
벌접	*birds up(다이아나)*
베돞	*bed of(위아더챔피온)*
베돞로제	*bed of roses(위아더챔피온)*
베라	*bet I(아임 유어즈)*
베러테	*better take(그리스-유아리)*
베러프루	*better prove(그리스-유아리)*

여기서는 이런 여러 가지 사항원칙들로 해서 작성된 것이다.
① 연음을 철저히 반영해서 담았다. 거기에 맞춰서 영어는 받침이 없다고 봐야 한다. 그런 현상이 절대적으로 뒷 단어에 영향을 미친다.
② 영어는 소리가 중요해서 특히 소리에 주목 한다. 중국어나 일본어는 들리는 소리가 그다지 문제가 되지는 않는다. 들리는 대로 글자가 나오기 때문이다.
③ 영어는 연음이 중요하기에 단어 하나하나가 중요한 게 아니라 청크가 중요하다. 그러나 중국어나 일본어는 단어 하나하나가 중요하다. 특히 중국어에서는 대략적으로 두 개의 한자가 하나의 단어가 되니까 두 개의 한자단어가 중요하다.

적용된 연음 법칙을 간단히만 소개한다. ①하나는 연음이고 ②다른 하나는 생략이다. 특히 ②와 관련해서는 아주 광범위하게 쓰여 진다.

 6) 단어는 다 수록한다고 생각하지 말고 일부만 수록한다

모든 것을 다 알아야 하는 것이 아니기 때문이다. 이미 아는 것까지를 다 적어 넣는 것은 좀 아니기에 그것을 선별하고 가려서 해야 한다.

7) 해보면 확실히 효과가 다르다

(1) 나만의 한글 소리 체계화도 전제조건으로서 필요하다

단어장 특히 내가 한글 소리로 적은 단어장이 그전과는 달라 보인다. 해보면 다르다. 그만큼 소리에의 집중은 중요하다.

(2) 소리를 소리로 이해하라

이 과정에서는 소리를 적은 것을 소리로 이해하는 과정이 필요하다. 예를 들어서 '추모' 라고 중국어 단어장에 쓰여 있다면 그것을 '더듬다'로 수긍이 되어야지. 한국말로 슬퍼하다 의 의미인 추모로 가서는 곤란하다.

8) 품사에 무관하게 제시해보기

품사가 크게 문제가 안 된다면 소리 위주로 즉 사전과 비슷한 순서로 배열하자

(1) 그래서 소리 위주로 해서 완전 알파벳과 같이 배열해도 크게 문제가 없을 것이라고 생각된다.
(2) 자신만의 체계를 가진다면 발음을 소리 나는 대로 한글로 해도 상관이 없을 것이다. 다만 품사 부분은 분류를 해두는 것이 도움이 된다.
(3) 사전에 쭉 나열되어 있는 것과는 어떤 차이가 있는가? 그것은 어쩌면 의미 없는 나열에 불과할 수도 있다.
(4) 이런 것도 다분히 분석적 사고가 확실히 정립이 되니까 나오는 행동이

다.

2. 수십 권의 책을 사서 외우기

1) 문제 의식

이 방법은 다소 황당하다고 볼 수도 있고 꼭 이래야 할 필요는 없지만 우리의 공부에 여러 가지로 참조해볼 여지가 있다는 것을 보여주기 위해서 소개를 한다. 여기서 일단 제기하고자 하는 문제의식은 우리가 하나의 단어장을 사서 단어를 외우지 못하는 것은 너무나도 거기에 나온 게 비슷비슷하기 때문에 그런 것이 있다.

2) 의미

각개의 단어장은 각개의 체험에 해당할 수 있다. 각각의 단어장 별로 여행을 다녀온 셈하고 같다.

3) 의의

(1) 공간적으로 남아야 한다

여행을 많이 다녀왔다고 하는 것과는 좀 다르다. 물론 여행을 자주 다녀오고 가는 길에 하나씩을 외우는 것은 좋다. 그러나 아무래도 시각적으로 고정화 되게 공간적으로 남아야 한다.

(2) 독립성이 있고 물리적 물질적 개별성이 있으면 더욱더 좋다

왜 물리적 공간적 개별성이 있으면 좋은가? 우리의 기억 등이 별개의 시각

적 개체로 이해한다.

(3) 비용도 아주 많이는 안 든다

사실 단어 특히 가청단어와 가독단어를 늘리는 것이 중요한 공부의 관건이라면, 많지 않은 비용만으로 각 종류별 단어장을 다 흡수한다는 사실은 아주 훌륭하다.

4. 다른 응용방법

 1) 유명인 암기

하나의 단어에 유명인 한 사람을 넣어서 단어와의 거리를 좁히는 것도 가능하다. 특히 그것을 4개 국어로 하면 더 효율적이다 각자가 각자를 외워주는 역할을 한다. 흥유등에서 사연을 담은 식의 한 명당 두 개의 단어 암기도 가능하다

 2) 헷갈리는 것의 암기

책을 이왕 그렇게 여러 개를 샀으면 헷갈리는 것을 정리해두는 역할로 사용해도 좋다. 즉 일본어를 공부하면서 '잠시(후)'가 'しばらく 시바라꾸'인지 'おそらく 오소라꾸'인지 헷갈릴 때 '그걸 정리한 것은 어떤 책이다.' 라는 식으로의 정리가 가능하다.

3. 가청 단어군 DB탱크 늘리기

1) 의미

(1) 문제의식

결국 우리가 한국말이 다 들리는 것은 우리의 단어군 가청 DB탱크가 꽉 찼기 때문이다. 그러나 다른 언어는 그게 안 되니까 안 들리는 것이다. 그런 DB탱크를 채우는 것이 중요한데 여기서는 그 채워지는 동적 상태 정적 상태를 다 체크해보자는 의미이다. 이것은 마치 경제학에서의 스톡과 플로우 개념을 다 신경써보자는 생각과 같다. 그래서 여기서의 가청단어는 결국 먹거리 단어 먹거리 청크이다. 그걸 열심히 해서 늘리기도 해야 하지만 그 자체에 대해서 추정이나 가정이래도 본인이 알고 있어야 한다는 것이다.

먹거리 단어는 다 돈이다. 아주 극단적으로 말해서 말이다. '직청직해의 지식 중 머리에 들어가 있는 것에 굳이 돈을 매길 수 있다면?' 이런 생각을 해볼 수 있으나 또한 '굳이 그걸 돈으로 매겨야 하는가?'라고도 할 수 있지만 그 것을 머리에 넣으려고 들인 시간과 노력이 다 돈이다.

(2) 의미

자신의 가청단어 용량을 어느 정도로 가지고 있는가의 문제이다. 그리고 그 객관적 판단이 정말로 중요하다는 것이 아니라 그것이 체험적이고 완전히 주관적이라 하더라도 자신이 그 용량에 대한 말 그대로 탱크에 대한 생각을 가지고 어학학습에 임하라는 의미를 가진다.

2) 의의: 가시적 가능적 가뇌적

가시적 이고 가능적이어야 의미가 있다. 특히 가뇌적이란 머리에 이렇게 쌓여 가고 있다고 생각하는 것을 말한다.

3) 측정

(1) 방법 기준①

'틀림' 내지는 '알아들음'의 아는 정도로 파악하고 체크한다. '완전히 다 알아들음'에서 출발해서 '전혀 모름'까지로 나눠질 것이다.

(2) 방법 기준②

얼마정도 아닐까 하고 가설을 세우는 것이다. 예를 들어서 지금 내가 정상적 의사소통을 하기 위해서 맞는 단어가 얼마정도일까? 라는 문항을 만들고,

'1설 300개 / 2절 500개 / 3설 700개 / 4설 1000개' 같은 식으로 가설을 세워서 생각해보자.

4) 타임머신 단어장

(1) 기본 의미

'적어도 내가 그때보다는 더 많이 안다' 는 식의 접근을 해라. 그래서 그때는 무엇을 알았고 지금은 무엇을 안다는 식의 것을 제시를 한다. 아주 명확히 한다. 그래야 한다. 여기서 타임머신의 의미는 타임머신 또는 타임캡슐처럼 과거의 자기 기록에 대한 명확한 의식을 가지고 접근하다는 사실이 기반이 된다는 점이다. 그렇게 해서 내가 시간차를 두고 해당 그 단어나 표

현을 공부해 봤다고 하는 게 하나의 기억의 단초가 된다.

(2) 날짜 개념으로 그때와 달라진 나라는 식의 접근도 가능하다

달라진 나 / 과거의 형편없던 나

아무리 지금 상태가 다소 불만족하더라도 과거의 형편없던 나를 생각하면 위안이 된다. 그때보다는 지금이 훨씬 낫다는 우월감이 생기게 한다.

5) 이번 여행에서는 00개를 하고 오자하는 목표 훈련

(1) 의미

'이번 여행에서는 단어 00개를 하고 오자' 훈련이 아주 좋다. 그렇게 한 단어와 아닌 단어는 차이가 있기 때문이다. 그리하여 '이번 여행에는 00개' 또는 'XX분야 00개' 같은 식의 목표 또는 범위를 정해서 단어를 외우자. 그리고 정리하자.

(2) 그 기준을 어떻게 잡을까?

자신이 가장 많이 만날 수 있는 상황을 상정해서한다. 어떤 상황이 예상되는지를 정리해본다.

① 숙박시설: 숙박시설의 체크아웃부터 에어컨, 텔레비전 리모콘 등의 처리 등에 대한 클레임 등이 가능하다.
② 교통시설: 버스를 탈 때의 요금이 얼마인지, 내리고 타고는 역 등에 대한 것이다.

(3) 테마를 정하자

'이번 여행은 OO여행이다'같은 식으로 테마를 정하자. OO여행이라는 테마 속에서도 여행뿐만 아니라 여행의 목적도 달성하자.

(4) 예시: 18년 0월 일본현지에서 듣기

① 원칙: 그래도 자주 들리는 것을 듣자. 특히 텔레비전을 보니 조금씩은 들린다. 줄기나 잎은 안 들리더라도 싹이라도 들어보려고 노력하자.
② 이번 여행 중 100개 프로젝트: 효과는 확실히 연락이 연결이 되는 효과는 있다. 이 수많은 것들 중에서 뭐래도 중기 기억이라도 만들려는 시도가 가능하다.

6) 이번 여행에는 OO개를 하고 오자 훈련의 국내 가상현실판

그 의미는 꼭 해외를 나가지 않더라도 가상 현실적으로 국내에서도 얼마든지 그게 가능하다는 것이다. 그러려면 경계를 확실히 짜르는 이슈메이킹이 있어야 한다.

7) 책을 볼 때의 응용

생각 없이 보지 말자. 그리고 뭐래도 나누자. 이번 주는 OO단어를 집중학습하는 식으로 목표이던 정리이던 해두자. 그래서 뭐래도 차별성을 두면 그 차별성이 그 단어에 더 가까이 가게 한다.

4. 다국어 변환 논리에 따라서 하기

1) 의미

'OO(한국말)은 XX어에서 OO라고 하더라.'라는 식의 것이 많이 머리에 입력이 되어 있을수록 단어 실력이 느는 것이다. 절대로 단어가 홀로 오는 게 아니라 연관적으로 오기 때문이다. 이것은 분명히 여러 개 언어를 공부하기에 어쩌면 필수적인 코스일수도 있다. 그리고 이 방법이 좋은 것은 꼬리에 꼬리를 무는 식으로 호기심에 기반해서 공부를 할 수 있기에 지루함이 없다.

'계획'이라는 단어는 중국어로 '지화'인데 필자가 중국말로 많이 쓰는 단어이다. 이런 단어가 일본어로는 어찌되는지(계획 けいかく 케이카꾸) 찾아서 단어 실력을 넓혀 나가자. 누가 "건축"그러면 그 건축이라는 단어로 머릿속이 전이가 되어서 받아쓰기를 하는 셈이 된다. 중국어로는 '지엔주 建筑' 일본어로는 '겐치꾸 建築けんちく'로 되는 사실을 연관 단어장을 써서 만들어 둔다.

2) 장점

① 연관성이 있어서 오래간다. 연관성을 주어서 공부의 동기부여와 당위성을 만들자. 연관성 암기를 하면 더 잘 된다. 왜 비교가 되면 더 잘 되는가? 우리가 상식적으로 그냥 달랑 그 사람만 아는 사람보다는 그 사람의 주변과 주변 사람에 대해서 전부 친한 사람에 대해서는 그 정보도 많이 알고 그래서 까먹지 않은 것과 비슷한 논리가 작용된다. 그래서 '하나도 하기 힘든데'의 핀잔에 대해서 할 말이 많은 것이다.
② 주체적 공부가 되어서 오래 간다. 그냥 일방적으로 받아들이는 것이 아니라서 기억이 오래간다. '이건 중국어로 뭐였지?' '이건 일본말로 뭐라고

하더라?' 이런 식의 동기부여에서 출발한 것들이기에 동기부여도 확실하고 주관성 주체성이 뛰어난 것들이다. 그러면서 상식과 외국어가 같이 시너지로 풍부해진다. 그렇게 되면 스스로가 만물박사가 되는 것이다.
③ 단조롭게 하나가 아니라 여러 개를 하니까 지루하지 않아서 오래 간다.
④ 스스로 자부심이 생겨서 오래간다. 남들은 하나도 힘들어 하는데 하고 말이다.

 3) 적용분야

특히 일본어에서 이런 사고가 빛을 말한다. 다양한 한자의 음과 훈을 외울 때 이런 사고가 필요하다. 즉 上(うえ 우에, じょう 죠) 이라는 한자의 음과 훈을 외울 때는 일단 上野(うえの 우에노)가 머리에 박힌다. 그러면 우에는 입과 머리에 일단 박히는데 上을 '죠' 라고 읽을 때는 또 다른 것들의 공부가 되어야 한다. 上手(じょうず 죠즈) 등을 통해서 외워지게 된다.

 4) 학습에의 적용

일단 많이 봐야 한다. 아 저게 저렇게도 쓰이는 구나. 저렇게 쓰이는 구나. 식으로 많이 봐야 한다.

 5) 성격

① 본인이 주체가 되는 학습법
② 네트웍적 과학적 학습법: 해당언어에서는 좀 더 진도가 나간 것을 한다. 아무래도 상황에 따라서 그 나라에서 가장 많이 사용하는 표현이 있을 수 있다. 그것은 개인차에 기인하기도 한다. 그것을 학습한다.

6) 왜 한국말로 진도가 나간 것은 좀 약한가?

추정이유는 다음과 같다. ① 한국말은 특징이라고 하기에 좀 민망하다. ② 평행된 외국어에서 뭔가 하나가 나간 게 다른 것을 이끄는 모습이어서 좋다.

7) 4개 국어 통합 단어장 만들기

(1) 의미

우리나라 말을 필두로 해서 공부하려는 영어 중국어 일본어를 같이 포섭을 시킨 단어장을 제작해본다.

(2) 구상의 전제 아이디어

유명 배우의 와 닿는 대사는 확실히 귀에 들어온다. 유명노래도 그렇고 그런 식으로 중요하게 머리에 박힌 것들을 중심으로 해서 '그 말을 다른 외국어로 하면 어떻게 하지?' 하는 식으로 접근한다.

(3) 다만 한국노래는 다소 적합지 않다

너무 한국어가 강하게 각인되어서 다른 것으로 쉽게 안 바뀐다. 그래도 하고 싶다면 한국어를 다른 외국어로 변형도 나쁘지 않다.

(4) 자신의 성격이 드러나는 단어장을 만들자

필자는 다소 적극적이고 진취적인 것을 좋아한다. 4개 국어 단어장을 할 때에 본인이 좋아하는 스타일의 것이 있다. 그것을 열심히 정리해야한다.

5. 문법은 무시하고 공부하라: 4개 국어를 바탕으로 각 문법 특징 파악

1) 문법은 다소 무시하라

여러분들이 언어를 잘 못하는 이유 중의 하나가 우리나라에서의 언어에 대한 접근법이 많이 잘못되었기 때문이다. 언어는 철저히 실용학이다. 그러므로 너무 문법 등에 집착할 필요가 없다. 우리가 한국말을 하는 외국인을 볼 때 '꿀 먹은 벙어리' 외국인보다도 어눌해도 '사랑해요. 한국의 서울의 동대문' 이렇게 말하는 사람에게 더 호감이 갈 것이다. '사랑해요 한국의 서울의 동대문' 이것은 한국 사람이 그렇게 말하면 '칠칠치 못한 놈'이라고 하겠지만 외국인들이 그렇게 말하는 것은 다 용인이 된다.

2) 언어의 구성요소

(1) 구성요소

보통의 영어클래스 같은 곳을 가면 다음과 같은 식으로 나눠진다.
문법/단어 식으로 나눠지기도 하고
듣기/쓰기/말하기/읽기(listening/writing/speaking/reading) 으로 나눠지기도 하고 그렇다. 그래서 더 언어학습이 헷갈리는 부분이 있다.

(2) 이태리 거지도 이태리 말 잘한다. 거지도 잘하는 이유가 무엇이겠는가? 문법에 너무 집착하지 말지어다.

(3) 문법

문법에 집착을 하지 않으려면 문법의 대략적 체계내지는 공통의 체계가 무엇인지를 알아야 한다. 그래서 소개한다.

① 주동목 또는 주목동: 주어 동사 목적어
② 수식어 피수식어(예시 형용사 명사)
③ 격변화
④ 명사의 단복변화
⑤ 해석을 위한 접속사/전치사

그러니 이것만 보면 단어를 정확히만 캐치해서 가청단어(직청직해 단어, 먹거리 단어)로만 해놓아도 해석은 믹싱해서 된다. 예를 들어서 영어공부를 할 때에 의문문은 주어와 동사의 위치가 거꾸로 된 도치를 해야 한다고 하는데, 실제로 그렇게 하지 않아도 우리가 어설프게 이야기해도 상대방 외국인은 다 알아듣는다. 그런 점을 생각하자.

III. 여러 외국어 특성 파악

1. 영어

 1) 영어의 리스닝적 특성: 중요한 것은 가급적 앞에

영어는 중요한 내용이 다 앞에 나온다. 이미 앞에 나와서 다 끝이 난 셈이다. 그래서 맨 앞은 주어동사 목적어부분만 동사를 위주로 듣고 여건이 되면 목적어도 듣되, 나머지 뒤에는 다 맨 앞 단어가 중요하다. 수식구조에 대해서도 이해가 필요하다. 즉 전치사 수식, 부정사 수식, 관계사 수식 등이다.

 2) 소리 중시

그러나 역시나 중요한 것은 연음과 생략의 소리중시이다. 도대체가 이들의 발성구조는 우리 동양인으로서는 이해하기 힘든 것이어서 참으로 힘들다. 물론 그들은 또 반대로 우리 동양인들의 발성구조가 이해가 되지 않을 것이다. 좌우지간 그래서 소리를 영어공부에서는 더욱더 중시해야 한다.

2. 중국어

 1) 중국어 단어는 2개의 한자 조합임을 명심해라

중국어의 단어는 글자 하나로는 의미가 없다. 그들의 호흡은 주로 2단어를 기준으로 계속 이어지는 구조이다. 물론 상황에 따라서는 한단어가 한자 3,4개가 될 수도 있지만 주로 2개의 단어의 조합으로 이뤄졌음에 대해서 명심하도록 한다. 어쩌다 한자 세 개로 이루어진 '상치라이' 같은 단어 들이 나온다. 그런 것들은 좀 더 유심히 봐야 한다. 그래도 절대 수는 2개의 조합이다.

2) 성조 당장은 무시

(1) 성조가 없이도 진도가 나가는가?

① 일단 지금으로서는 나쁘지 않다. 아직까지는 성조를 익히지 않는 독창성이 돋보인다.
② 다 어느 정도 익히고 나서 성조를 다시 다듬자.
특히 베트남어는 6성이나 되기에 성조를 무시하면 좀 더 피곤할 일이 생긴다. 그래도 일단은 먼저 가청단어 직청직해 단어 또는 밥벌이 단어를 확보하는 게 중요하다. 그러니 성조에 대해서 처음부터 학습의 첫 단계부터의 집착은 피하도록 한다.

(2) 배우면서 익히는 게 성조이다

성조를 무시하는 게 아니라 그것 때문에 소심해지거나 회피가 생기면 본질인 중국어를 못 배우고 가게 된다. 우리가 그 수많음 구개음화나 자음동화를 단숨에 익혔는가? 맴매를 맞아가면서 그리고 스스로 깨달아가면서 수많은 세월을 걸쳐서 조사 붙이는 방법 등등을 익혀 온 거다. 그러니 성조도 처음부터 너무 잘 하려고 하지 말지어다. 공부하면서 그 느낌을 느끼고 배워가는 게 중요하다.

3. 일본어

 1) 일본어에서의 한자 공부

(1) 웃고 시작해서 울고 나오는 언어

일본어는 웃고 시작해서 울고 나오는 언어라고 불리는 가장 큰 이유 중의 하나가 바로 한자의 문제이다. 글자들은 그냥 공부하면 되는데 한자의 경우는 일단 한국에서 쓰던 것보다 더 광범위하게 쓰이고 거기에 읽는 방법도 훈독과 음독으로 나뉘어 있어 더 골치가 아프다. 사실 우리도 생활 속에 한자를 엄청 많이 쓰고 있다. 그 하나하나의 글자의 정확한 음이나 훈을 다 알고 쓰는 것도 아닌데 합성어적으로 쓰고 있다.

(2) 한국에서의 차이

우리가 그 수많은 한자어를 그냥 자라면서 쓰다 보니 '국가' '빈도' '향상' 같은 단어들이 그냥 자연스럽게 습득이 오랜 시간에 걸쳐서 되었다.

(3) 일본 한자 개수가 엄청나다

일본어를 잘 마스터하기 위해서 익혀야 할 한자의 수가 엄청나다. 그것만을 위한 책들도 굉장히 수가 많으니 말이다. 거기에 훈독 음독을 익히는 것까지 치면 대단하다. 그러면 외워야 할 한자의 수가 대략 2000개 아니면 1000개라고 한다면 거기에 음독과 훈독도 하나가 아니니 그것의 복수의 수까지 곱하기를 하면 그 수도 엄청나다. 그렇게 스트레스를 생각하면 아무것도 못한다. 그러나 극복의 실마리도 거기에 있다.

2) 음독을 먼저 신경 쓰라

(1) 이유

한자를 해두면 좋다. 특히 음독으로 훈독은 다 할 수는 없으니 나중에 하고 훈독이 되면 그래도 가청 소리가 증가하면서 자신감이 같이 증가한다. 훈독이 중요하지 않은 것은 아니다. 오히려 하다보면 훈독이 음독보다 훨씬 더 중요한데 일단 음독을 익히도록 하라. 그러면 자신감이 붙으면서 일본어 한자도 답이 보인다는 느낌이 오게 된다. 그 이유는 다음과 같다.

① 뉴스 등에서의 쓰는 고상한 단어들은 다 한자어가 많다 '**警察** 게사쯔' '**独立** 도꾸리쯔' '**特別** 토구베쯔' 같은 단어들 말이다. 그러니 우리는 일단 외국어를 공부할 때 표준발음과 표준 소리 속도를 내어주는 뉴스를 가지고 공부를 많이 하니 음독을 먼저 신경 써서 습득을 해두면 슬슬 일본어 한자에 자신이 붙기 시작한다.

② 합성어가 많이 생기기 때문에라도 음독을 익혀두면 좋다. 앞에서 말한 '独도꾸'는 다음과 같이 쓰인다. '**独断** 도꾸단' '**孤独** 코도꾸'
③ 음독은 우리말과 일본어의 소리가 달라도 일본어끼리는 다소 동일하거나 비슷한 음독을 보이는 한자들이 많다. 그래서 지속적으로 접하다보면 일본어 한자의 음독 소리의 감이 생긴다.

(2) 시간이 해결해준다

그래서 꾸준히 음독을 신경 써서 보다 보면 대략적 일본어 음독 소리의 감이 오게 된다. 즉 시간이 해결해주게 된다. 그러다 보면 일종의 '통박' 즉 '아 이 소리도 이렇게 쓰이는 구나'하는 감이 생기게 된다.

 3) 정리가 필요하다

한국말 소리를 중심으로 해서의 정리가 필요하다.

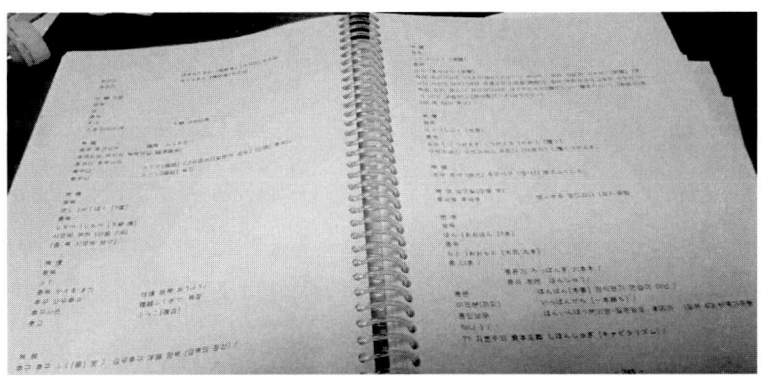
필자의 한자 노트

4) 단 공통성을 자꾸 찾아내야 한다

훈독상 음독상의 공통점들이 많이 나온다. 많을 수밖에 없다. 그러니 찾아내서 머리에 계속 넣어야한다. 그런데 한자가 처음에 머리에 넣는 게 잘 안되어서 그렇지 좀 머리에 들어가면 이것들은 반복해서 다른 조합에서도 쓰이기에 시너지를 분명히 가지고 있다. 단어들이 대부분 한자 조합글자이다 보니 그래서 수준이 올라가면 다른 것들이 같이 이해가 된다.

5) 그걸 다 알려고 하지 말라

그 많은 한자를 어떻게 다 알겠는가? 그걸 알려고 하지 말고 너무 넘보려고 하지도 말라. 일이던 공부이던 전체로서의 몸통을 파악하고 좀 자신감이 붙으면 세부를 들어가는 게 정석이고 정상이다. 그러니 너무 처음부터 그 어마어마한 한자의 수에 가위눌림을 할 필요가 없다. 그리고 어느 정도 익히고 나면 우리도 한자를 제법 많이 사용한 민족이기에 적당히 읽는 요령 뜻 푸는 요령이 생긴다.

6) 한자 더 정복하기

(1) 음독은 그렇다 쳐도 훈독을 더 해야 하지 않는가?

음독은 명사들에서 그리고 명사 합성어에서 한다. 훈독은 동사에서 그리고 연동동사에서 한다.

(2) 음독 훈독은 우리나라처럼 '나라 국' 이렇게 접근 하는 것이 아니다. 음독은 소리로 접근, 훈독은 계속 듣고 쓰면서 접근한다. 일본어 殆ど(ほとんど, 호톤도) 같은 단어를 보면 우리나라는 전부만큼은 훈독이 없는 셈인가? 일본은 대부분 훈독이 있는데? 음독 훈독이 같이 가야 한다. 그런데 그것을 좀 더 우리 입장과 그들의 입장을 같이 잘 생각해서 볼 필요가 있다.

7) 소리가 단순하다는 것을 파악하라

우리가 한국어를 자랑스럽게 이야기하는 것은 소리의 변이가 다양하기 때문이다. 필자가 우리의 한국말로 한국어 단어장을 만들라고 하는 것도 그런 이유 중의 하나이다. 그런데 일본어는 그에 역행적으로 소리가 무척 단순하다. 일단 자음을 보면 특히 받침이 없다. 받침은 니은 시옷을 빼고는 거의 없고 즉 '랄 맘' 같은 단어가 없다. 모음을 보면 '아이우에오'로 구별되는 아주 단순한 소리체계를 가지고 있다. 우리처럼 '오'와 '어'의 차이도 없다. 그 점은 단점이자 장점으로 작용한다. 이를 단순히 보면 '왜 분화가 안 되어있어. 덜 발달된 미개한 언어인가.'라고 볼 수도 있지만 반대로 생각하면 단순화해서 소통이 아주 빠르고 어떤 면에서는 쉽게 배운다는 장점이 있다.

8) 성조와 강세가 없다

중국어의 공부에서 제일 곤혹스러운 것은 성조다. 그들에게는 입과 뇌에 체화가 되어 있는지 모르는데 우리는 그렇지 않아서 곤혹스럽다. 그러나 일본어는 그런 게 없어서 배우기 좋다.

9) 변형발음이 있다

'ㄷ 코'가 '고'나 '꼬'와 같은 느낌을 주기 위해서 변형발음을 하기도 한다. 그래서 글자 위에 'ˇ' 와 같이 일종의 움라우트를 붙어 탁음을 내기도 하는 미세한 차이가 있음에 유념해야 한다.

4. 기타 다른 언어와 전체 비교

1) 베트남어 공부의 중국어의 시너지

일반 시너지는 반드시 발생한다. 같은 단어 다른 언어로서의 표현이 분명히 존재하기 때문이다. 실제로 한자가 그들의 현재 생활에서 어떻게 쓰이고 있는지? 필자는 거의 쓰인 것을 보지 못했다. 다만 필자가 그것을 두루 안 봐서 그럴 수도 있기에 다시금 검토가 필요하다. 좌우지간 그들은 명시적으로 크게 드러내지 않으나 분명히 어원적이 뿌리가 있다.

한자를 나름으로 읽는 법이 있는가? 그럼 그것은 한자문화권인데 실제로 우리가 보는 상당수의 글자들이 한자에서 유래했다. 하노이도 河內 여서 두 개의 강사라는 의미를 가진다. 다만 유래는 그러해도 보통 베트남어를 외국어로 배울 때는 그런 식으로 로직을 세워서 하지는 않는다. 즉 딱히 일일이 한자를 알려주면서 단어를 외우게 하지는 않는다. 그 단어의 면면을 따져보면 한자적 유래가 있을 것은 명확한데도 말이다.

2) 중국어와 일어가 다른 점

(1) 하나의 한자 소리에 너무 많은 단어가 있다

그래도 일단은 두 개를 중심으로 움직이니 그것 자체에 너무 신경을 쓰지 말라. 어차피 두 개의 한자가 합성이 된 것들이 자주 쓰이고 머릿속의 입력도 그것이 중심이 되어서 된다. 두 개가 단어를 하나로 봐야 한다.

(2) 그래서 나만의 단어장을 두 글자 위주로 해야 한다

한때 한 단어(두 글자)로 해야 하는가? 아니면 네 글자정도로? 고민한 적이 있는데 일단은 두 글자 위주로 하고 ①실력이 늘거나 ②그런 단어들이 나오면 따로 내지는 통합해서 네 글자 단어장을 만들자.

(3) 활용 변화가 없다

이 점은 좋기도 하고 나쁘기도 하다. 활용변화가 있으면 그래도 듣기를 할 때는 대략은 눈치 채게 하는 기능이 된다. 그 점에서 중국어는 어렵다. 그러나 반면에 활용변화가 크지 않으니 중국어는 의미 전달의 실패가 적다.

 3) 언어들 자체의 속도감이 일본어는 느린가?

일단 기준은 뉴스 정도를 기본으로 해본다. 이것도 기회가 되면 다 해본사람입장에서 공식비교를 했으면 한다. 간략히만 이야기 하면 중국어는 빠른 편이다. 많이 빠르다. 일본어는 적당하다.

5. 소리에 노출 되는 환경에 들어가기

 1) 노출 환경의 중요성

받아쓰기의 원리 등이 중요하다고 해도 결국에는 외국인을 부딪치는 게 중

요하다. O박사님은 도쿄의 하라주쿠 거리 같은 사람 많은 곳의 벤치에 앉아서 그들이 떠들면서 하는 소리만 잘 적어도 리스닝 공부가 많이 되었다고 술회하신다. 근데 매번 해외에 나갈 수는 없지 않은가? 그래서 한국에서의 것을 기준으로 한다. 물론 해외를 다녀오면 좋지만 쉽지 않은 부분이기에 말이다.

 2) 어떤 장소가 노출이 좋은가?

(1) 어디라도 노출이 된다

'어디라도'의 의미는 이미 우리나라가 많이 국제화가 되었다는 것이다. 서울의 국제화도 그렇지만 부산도 바로 부산역을 나가면 러시아 거리등 국제화의 표상은 많이 보인다. 번화가로 나가거나 관광지로 가면 외국인이 참 많다. 주로 중국인 일본인이 대부분이지만 북미나 유럽에서 온 이방인도 쉽게 찾아 볼 수 있다.

(2) 구체적인 곳

① 서울의 동대문

동대문은 성지라고 봐야 한다. 특히 두타와 AMPM 롯데 피트인 부근은 좀 특별하다. 전철역과 가까운 점도 매력적이다. 극장도 있어서 좋다. 메가 박스가 있다. 그런 부분이 우리 외국어 학습자의 학구열도 자극하고 머리 식히기에도 좋다. 그런 의미에서 동대문은 작은 외국이다. 서울역도 그런 부분이 있지만 서울역은 너무 사람들이 바쁘게 돌아다닌다. 동대문은 마사지도 즐길 수 있다. 외국에서 느낄 수 있는 다소의 들뜬 분위기와 감흥을 같이 느낄 수 있다. 그리고 그 외국은 아주 사치스러운 게 아니라 어쩌면 이케부꾸로 정도의 것이다. 즉 일본으로 치면 긴자나 신주꾸의 화려함이 아니라 이케부꾸로 정도의 다소 만만하고 접근 가능한 부분이다.

② 중국의 건전 마사지샵

중국어의 경우에는 마사지샵도 그 예가 된다. 안마에서의 중국어 늘리기라는 유튜브를 만들어 보고 싶은 심정이다. 이것은 일종의 생활 속 어학실력 늘리기이다. 아주 자세한 상황 등은 나중에 따로 만들자.

Ⅳ. 외국어 공부의 확장성

1. 주변 정리가 된다

 1) 외국어 능통자

외국어 능통자의 삶은 무엇인가 주변이 많이 정리가 될 것이라는 생각을 한다. 거기에 대해서 살펴보도록 한다. 4개 국어자 정도가 되면 다음과 같은 이미지가 있다

① 지적인 사람으로 보인다.
② 대화가 풍부해진다. 그 사람이 대외적으로 영업을 하러다니고 사람을 만나러 다니는 사람이라면 더욱더 영업상의 화제꺼리가 풍부해진다. 즉 대화가 풍부해진다.
③ 현지사정을 잘 아는 사람으로 보인다.

 2) 정리가 되는 이유

(1) 정보의 흡수에 막힘이 없다

정보의 흡수에 막힘이 있으면 정리가 안 될 요소들이 있을 것이다. 예를 들어서 '이 페이퍼들을 좀 봐야지'라고 해서 묵혀 두고 쌓아놓는데, 능통자는 그럴 일이 없다는 것이다. 4개국어자 정도 되면 지하철 등에서 뭘 들어도 다 대략은 뭔 말인지 알게 된다. 즉 흡수에 거침이 없다.

(2) 언어 문제 해결 때문에 뒤로 묶여둔 일들이 많다

"언어 문제는 나중에 연구해서 해결하고 다른 일을 해야지."하고 남겨둔 일들이 많다. 그런데 언어가 해결이 된다면 그런 식의 문제에 시간을 많이 안 써도 되어서 더 공부하고 연구할 시간이 많아진다. 그것은 언어가 무한히

공부해야 하는 주제가 아니라 끝이 보이는 주제이기 때문이다.

(3) 머리에 넣는 효과가 있어서 복잡한 서류 등은 머리에 넣는다고 생각하자

자신의 집무실이나 집의 자신의 방도 다 결국에는 컴퓨터와 옷을 빼면 책과 서류들이다. '저걸 언제 정리를 좀 하지?"라고 하지만 결국에는 치우지 못한다. 그런 식으로 복잡한 서류는 머리에 넣고 정리하는 과정이 필요하고, 지식인들에게 외국어는 그런 치우지 못한 방 같은 숙제이다.

(4) 하나의 툴이 자신에게 생길수록 무엇인가를 더 해보고 싶은 마음이 생긴다

언어라면 자꾸 읽어보고 싶어진다. 표현해보고 싶어진다. 그러면서 더 정리가 되는 것이다. 더 완벽한 이해도 되는 것이다.

3) 정돈이 되어서의 실질적 효과

(1) 책/CD도 필요성에 의해서 분류개념으로 정리된다

① 막연한 필요성보다는 실질적 필요성
② 특히 학습용인지 현지구매인지 등이 명확해 진다.
③ 그런 것들은 해당 언어에 대한 통찰적 이해가 있어야 가능하다.

(2) 어디서도 흡수

길가다가 어디를 보다가도 해당외국어 정보가 나오면 흡수 습득도 되고 혹 흡수 습득이 안 된 것이라도 더 알고 싶어지는 학습적 의욕이 생긴다.

2. 지식인, 지성인이 되는 것

 1) 논리적인 사람이 된다

(1) 언어는 자연과학 논리과학이다

언어는 자연과학이라서 다 이유가 있다. 지식인, 지성인으로서 그 점이 마음에 든다. 왜 이유가 있을까? 사람들이 쓰는 것이기에 그렇다.

(2) 변화나 현상이 다 이유가 있다

다음과 같은 부분들에 다 그 이유가 존재한다. '소리가 왜 그렇게 나오는지?' ' 그 단어가 왜 그런 구성 원리를 가지고 그런 뜻을 가지는지?' 등에서부터 해서 다양하고 망라적인 궁금증에 대해서 고민을 해보면 다 이유가 나온다.

 2) 참고할 소재가 많다

아무래도 어학이 되면 다른 외국어에 대한 지식도 늘면서 그 해당 외국어 문헌도 하나의 참고 문헌 안에 들어가게 된다. 그래서 참고할 소재가 많기에 공부가 더 잘된다.

3. 에너지 넘치는 삶

 1) 자극을 받아서 에너지가 된다

(1) 모방이 에너지

어떻게 해서 에너지가 된다고 하는지에 대해서 누구인가가 '사실 베끼려고 하는 것 아니야?'라고 누가 핀잔을 줄지 모르겠지만 베끼는 것도 에너지다. 물론 이런 말을 한다고 해서 필자가 다른 것 다른 외국 것을 베끼라고 하는 것은 절대로 아니다. 다만 모방에서 창조가 나온다. 자극은 사실 그렇게 대단하고 큰 게 아니다. 자신이 그것을 어떻게 받아들이느냐가 중요하다.

(2) 베낌쟁이

중국의 거의 초기 산업 모델은 다른 나라 것들을 참으로 많이 베꼈다. 미국을 베끼고 한국을 베낀다. 그런데 다이슨을 베낀 차이슨을 보면 생각이 좀 달라진다. 즉 보통 '대륙의 실수'이러면 중국에서 있는 다소 황당한 경우를 다소 부정적으로 표현할 때 쓰는 말이다. 그런데 대륙의 실수라고 하면 일종의 이중부정이니까 좋은 의미가 되어 버린다. 즉 가성비가 좋아서 대륙의 실수라고 하면 좋은 의미이다. 그런데 이젠 대륙의 실수가 실수가 아니라 정말로 훌륭한 것들이 나오는 경우를 본다. 개량 모델을 제시하고 신 기술을 선보이기도 한다. 그래서 샤오미 같은 경우는 이제 짝퉁 수준을 넘어서 창조품 내지는 선도품의 수준까지가 되었다.

차이슨 이란 게 특정제품을 지칭하는 게 아니라 중국에서 만든 제품들을 통칭하는 말이다. 서구회사 다이슨이 워낙 혁신적인 물건을 내서 히트하기는 하나 가격이 비싼 점을 차고 들어가서 만든 게 차이슨이다. 거듭 말하지만 특정 브랜드가 아니다. 예를 들어서 청소기도 다이슨 게 유명하고 좋으나 값이 무척 비싸다. 그런데 중국 것은 보면, 청소기 살 때 흡입력 같은 것은 수치화되어있는 게 있는데 차이슨 무선청소기 중에 가장 유명한 것은 디베아 같은 회사의 제품이다. 무척 평이 좋다. 가격대비해서 말이다.

(3) 쉐비와 체리

중국에서 요즘 가장 잘나가는 내수차 브랜드인 체리는 분명히 필자의 눈으로 보면 모방 브랜드이다. 스펠링도 'CHERY' 'CHEVY' 가 비슷하다. 그러나 해외 유명 자동차 회사들의 공장이 중국에 모여 있기에 이미 상당한 기술력을 축적한데다 엄청난 수요의 힘을 바탕으로 점점 입지를 넓혀 나가고 있다.

(4) 우리도 유사한 역사를 가진다

한국도 일본을 많이 베낀 역사를 가진다. 다만 주목할 점은 이제 우리는 그 수준이 많이 올라 왔다는 점이다. 그래서 중국의 모방이 무섭게 느껴지는 이유이기도 하다.

2) 자소서의 힌트가 된다

힌트라는 말 대신에 불쏘시개라고 한다면 여러분들이 더 와 닿게 될까? 일본에 대한 정보가 흡수가 된다면 당연히 일본에 대한 이야기를 자소서에 쓰는 데 도움이 될 것이다.

3) 기승전 취업

자극이 있고 그것에 대한 동기부여가 되어야 자소서를 열심히 쓰게 된다. 카페를 그만두고 나니 그간 계속 하던 카페 유튜브를 만들 동력이 부족해져 버렸다고 J사장님은 술회한다. 그것처럼 자극은 늘 필요하다. 그래서 무슨 것이든 외국어를 통해서 내지는 외국을 통해서 흡수된 자극은 늘 그것을 자기소개서와 포트폴리오로 만들 준비를 해야 한다.

4) 동영상과 사진만 잘 찍어도

일본이나 중국에 가서 사진과 동영상만 잘 찍어도 다 꺼리가 된다. 가까운 나라라도 해도 늘 가본 사람만 득실대는 것도 아니고 하니 잘 찍어서, 특히 초상권 등 조심해가면서 찍으면 의미가 있다. 단 의미부여가 중요하다. 어떻게 명명하는가에 따라서 꽃이 되기도 하고 똥이 되기도 한다.

4. 나만의 컨텐츠

 1) 가용 컨텐츠가 확 늘어난다

(1) 외국어만 되면 컨텐츠가 몇 배가 추가가 되는가?

결국 좋은 자소서가 나오려면 자신의 머리에 컨텐츠가 많아야 한다. 그런데 외국어가 되면 자신의 머리에 들어갈 컨텐츠가 추가가 되는 셈이다. 즉 자연스러운 추가가 된다.

(2) 컨텐츠는 결국 자신의 세계

컨텐츠는 결국 자신의 세계이다. 그래서 자신의 눈으로 봐야만 믿게 되고, 눈에 들어온다. 유명작가를 예를 들어도 자전적 소설이 많은 것은 그런 이유이다. 해리포터의 작가 조안롤링도 지금은 큰 부자가 되었지만 자신이 춥고 가난했을 때를 염두에 두고 현실 속에서는 가난한 소년 해리포터를 창출한 것이다.

 2) 나의 세계가 확실히 넓어진다

(1) 우연이 필연된다

컨텐츠는 결국 자신의 세계다. 그럼 무슨 컨텐츠가 들어올 것이냐고? 그것은 신만이 안다. 잡식성을 가지고 아니 좀 더 점잖게는 유연성을 가지고 해보자. 내가 어떤 컨텐츠를 가지고 어떻게 풀어나갈지에 대해서는 좀 더 지켜봐야 한다. 그러나 중요한 것은 우연이 필연이 된다.

(2) M&A에서도

그 까다롭다는 M&A도 결국에는 우연이 필연 되는 일이 많다. M&A는 그냥 던져 놓는 게 중요하다. 그러니 막 던져보는 게 중요하다. 막 해보는 게 중요하다. 주저하지 말고 막 흡수해봐라. 아주 틀리다고 스스로를 자책할 정도가 아니라면 막 흡수해보는 것은 의미가 있다. 그러다가 우연이 필연이 되고 적중이 된다. 해보지 않으면 되는 게 없다. 그러니 우리가 자소서의 초안을 만드는 것은 너무 신중할 필요가 없다. 상황에 맞춰서 유연히 대처하라.

5. 더 많은 공적 기회를 얻는다

1) 내가 외국어를 잘해서 감투내지는 포지션을 얻을 수 있을까?

(1) 하나의 세계가 더 생기는 셈

4개 국어가 되면 그 언어만큼의 세계가 더 생기는 셈이니 더 많은 기회로의 초대가 나에게 찾아 올 것이다. 이것은 취업 분야로 한정된 것이 아니라 활동 영역, 인맥, 거주지 등 모든 분야에서 기회가 추가 되는 셈이다.

(2) 초대받으면 준비를

그런 초대에는 많은 준비가 필요하다. 그런데 외국어 지식은 하루아침에 되는 게 아니니 지금부터 하나하나 필자가 시키는 대로 해둬야 한다. 기회가 오면 언제든지 잡을 수 있어야 한다.

 2) 대외적 기회는 글로벌에서 더 나온다

(1) 국내는 포화

아무래도 지금 국내는 포화 상태인 부분이 많다. 공적인 기회는 해외진출이나 해외 서비스 부문에서 많이 나온다.

(2) TED

TED에 도전하라. 절대로 여러분들이 못할 행동이 아니다. 특히 TED는 여러분들이 오히려 미국이외의 지역에 있음에 대해서 여러 가지 배려를 해줄 것이다. 목표를 크게 잡자. 여러분이 외국어로 만든 유튜브를 보고선 혹시 TED같은 곳에서 초빙이 올지 아는가? 취업과 관련이 없어 보일 수 있으나 기회가 된다면 경험을 위해 영어나 외국어로의 유튜브 제작해 볼 것을 권한다. 자기 표출의 시대이다. 준비된 자만이 기회를 잡는다.

6. 여행의 폭 상승

 1) 다 알아들으면 여행의 폭이 넓어진다

해외여행이나 연수, 워킹홀리데이를 나가서 그들의 말귀를 다 알아듣고 보이는 게 다 흡수가 된다면 얼마나 좋을까? 얼마나 여행의 폭이 넓어질까? 해당 외국어를 다 알아듣는 상태에서 해외를 가본다고 해보자. 하다못해 호

텔방의 텔레비전 그리고 길가다가 보이는 글자들을 다 알아 듣는다고 생각해보자 얼마나 재미가 있겠는가? 그런 생각에서도 외국어는 반드시 해야 한다.

 2) 해외에서 소재를 마구 긁어온다

확실히 외국에 가면 몸과 눈과 마음이 다르게 반응해서 즐겁다. 또한 그러한 장점은 여러 가지로도 작용한다. 특히 자신의 자소서와 포트폴리오에 어마어마한 무기가 된다. 익숙지 않은 음식, 문화, 길거리 모든 것이 소재이다. 길에서 마주친 사람의 얼굴 표정하나도 소재가 될 수 있다. 우리가 차별점을 가지고 소재를 캐오기 위해서는 언어의 제약을 해소하는 것이 큰 무기가 된다. 언어가 되면 굳이 그 나라에 국한된 소재가 아니더라도 거기서 다른 나라의 이야기로 확장시킬 수 있다.

7. 외국어 능력자는 여전히 필요하다

 1) 성형미인이 판을 쳐도 순수 미인을 찾는 것처럼

(1) 천연 기념물

인간의 그런 심리는 무슨 심리일까? 아마도 속된 말로 천연기념물을 더 쳐주는 그런 심리일 것이다.

(2) 어렵지 않다

작성이 어려우면 모르겠지만 자소서로 연결 짓기가 어렵지 않다. 정보를 접수해서 그렇게 보일 수준이 되려면 엄청나야 하지 않은가? 그렇지 않다. 외국의 유튜브 영상이나 해당 언어의 구글링을 통해서 외국어를 공부한 당신은 이미 생각보다 많은 정보를 갖고 있다. 4차 산업의 첨병이 된다.

  2) 정보 수에 따라서 자소서는 풍부해진다

글쟁이는 글이 그냥 나오는 게 아니다. 다 머릿속에 아니면 다른 보조 장치에 담겨둔 글 덩어리나 정보 덩어리 때문에 글이 나오는 것이다. 그것처럼 정보 수에 따라서 자소서가 풍부해진다. 그런 아주 작은 4차 산업 전문가로서의 기반에 외국어가 어떻게 작용되는지를 자소서를 써나가면서 보자. 다른 외국의 사정을 아주 잘 알아야 할 필요도 없다. 다만 하다보면 관심이 생기다 보면 더 자연스럽게 늘어난다.

8. 4차 산업은 국제화와 국경 파괴이기에 외국어가 필요하다

  1) 국경 파괴

국경이 왜 파괴되겠는가? 다 소통수단이 있어서 파괴되는 것이다. 소통이 다른 물리적인 것이 없어도 통신이나 스마트폰으로 되니까 국경이 없어지는 것이다.

그러면 이제는 소통 자체가 중요한 게 아니라 어떤 소통수단을 쓸 것인가가 중요하다. 그 소통수단은 두말할 것도 없이 외국어가 될 것이다. 물론 번역기와 통역기기가 발전하고 있다. 하지만 말이라는 것은 살아있는 생물과 같이 환경과 상황의 영향을 많이 받고 유기적이고 변화무쌍하다. 현재의 번역기가 아무리 발달했다하더라도 현지인과 부딪혀 사용하는 살아있는 언어를 대체할 수는 없다.

2) 첨단은 결국 소통

(1) 무인화 오픈이노베이션

첨단이나 흔히 말하는 오픈 이노베이션도 결국에는 소통수단이 있어서 가능한 것이고 그런 소통수단을 핸들링 하지 못하면 쉽지 않다. 그래서 외국어를 해야 한다.

(2) 무기

현재를 살아가는 젊은이들은 기본적으로 세계와의 소통을 통해 자신의 역량을 발전시켜나간다고 봐야한다. 그래서 외국어를 하는 사람에게는 4차 산업은 엄청난 기회이고 외국어는 기본으로 장착해야 할 무기이다.

9. 삶의 의욕이 높아진다

1) 정보의 급증

살아야 할 세상, 보아야 할 세상이 많으니 말이다. 즉 남들보다 살아야 할 세상 관심을 가져야 할 세상이 여러 개가 되는 셈이다.

2) 뉴스만 들어도 의욕상승

나의 세상이 많아졌으니 의욕이 높은 것은 당연하지 않은가. 매체 하나를 접근해도 정보력이 배가 되고 지식의 개념이 달라진다. 방안에서 각 나라별로의 뉴스만 들어도 말이다. 내가 활동할 영역으로서의 세상은 넓어지고 세상일을 더 많이 알게 되니 세계는 좁아진다.

10. 잠도 잘 온다

1) 잠 안 오는 사회

과거에 '시애틀의 잠 못 이루는 밤'이라는 영화가 있었다. 그 영화에서는 연애하느라 잠이 안 왔다면 요즘의 시애틀 사람들은 아마존이 몰고 온 경제 효과 때문에 바쁘고 스트레스가 많아서 잠이 안 올듯하다. 물론 너무 바빠서 지쳐 쓰러진다는 사람도 있을 수 있지만 말이다.

2) 불면방지법

집에서 일본어 같으면 일본어 채널 특히 한국에서 시청 가능한 NHK채널이나 J채널 또는 중국어 같으면 CCTV나 봉황티비, 영어는 기타 영어채널을 틀어놓고 자는 것이다. 텔레비전을 틀어놓고 자면 그것을 들으려고 애를 쓰다가 잠이 스르륵 들어버린다. 처음에는 무슨 이야기인지 들으려고 애를 써 본다. 그러다가 스스로 잠이 들어버린다. 머리가 어지럽지 않고 더 좋다.

잠은 잡념이 없어야 잘 온다. 우리 주변에 잠을 잘 자는 사람들은 본인의 주변의 잡생각이나 걱정 등에 대해서 크게 괘념치 않고 편하게 생각하기에, 즉 무던하기에 잠이 잘 오는 것이다. 그러기에 머리를 집중을 시켜줘야 한다. 한국말 방송은 너무 또 머릿속에 잘 박히기에 정신의 각성효과가 있다. 그러나 외국어는 아무리 공부해도 역시 외국어는 외국어다. 그런 경우에 열심히 듣다보면 빠지게 되고 그러면서 스스로 잠이 온다. 모든 사람에게 다 활용될 수는 없을지 모르겠지만 나름 의미가 있는 방법이다.

V. 모토

1. 개구리 올챙이 적 생각 못 한다

1) 어학에서

어학에서는 굉장히 중요한 부분이다. 어학은 시간이라는 공을 들여야 하기에 일정시간이 필요하다. 무엇을 하던 성공하기까지 걸린다는 1만 시간까지는 아니어도 상당한 시간이 필요한데 그런 것을 잘 기록을 해두지 않으면 자신의 실력이 늘었는지를 모르고 늘 한탄과 후회만 하게 된다. 혹 1만 시간을 투자하더라도 그냥 시간만 보내서는 안 된다는 말이다. 국어는 공부를 하면서 시간성을 생각하지 못해서 문제이다.

그래서 그 과정을 기록해야 한다. 시간이 지나서 저걸 쳐다보면 어떤 느낌이 드는지를 염두에 둬야 한다. 그렇게 적은 과정을 보면 힘이 들다가도 자부심과 자기 포기를 하지 않게 된다. 어학같이 시간이 많이 필요하고 노력의 정성이 들어가야 하는 것은 시간이 들수록 학습고원을 언제인가는 만나게 된다. 그럴 때 지치지 않고 일하게 되는 근원은 바로 그런 일기나 일지가 된다.

2) 공부해서 남 주지 않는다

(1) 내 공부라고 생각해라

내가 내 공부라는 생각이 들어야 열심히 한다. 어떤 분은 프랑스어도 그런 범주가 되어야 한다면서 열공 중이시다.

(2) 외국어 공부

외국어 공부자체가 굉장히 지적인 부분이다. 그러니 이게 종합 예술이다.

지적이라는 말의 의미는 무엇인가? 여러 가지 머리싸움이 많다.

2. 물 들어올 때 노를 저어라

1) 인생은 때가 있다

물들어올 때 노를 저어라. 무슨 일을 하던지 그 때가 있고 그것에 대해서 새옹지마처럼 기회가 온다. 늘 기회가 오는 것은 아니고 그때가 있으니 그 기회를 잘 잡아서 자신의 것으로 해야 한다.

2) 시세이도의 경우

일본의 대표적인 화장품 브랜드 시세이도는 잘 나가다가 일본 국가 자체가 잃어버린 20년이 되면서 일본의 침체와 함께 힘든 길을 걸었다. 그러나 최근 일본의 경기가 살아나면서, 시세이도도 힘을 받고 있다. 아래는 그에 대한 신문기사이다.

일본 화장품 기업 시세이도(資生堂)는 올해 초부터 도치기(栃木)현에 350억엔(약 3540억원)을 투자해 스킨·로션 등 기초화장품 생산 공장을 짓고 있다. 시세이도는 이바라키(茨木)시에서도 2020년 완공 목표로 550억엔을 들여 공장을 짓고 있다. 시세이도가 일본에 공장을 짓는 것은 35년 만이다.

불과 몇 년 전까지만 해도 상상할 수도 없었던 일이다. 2004년 일본에서 6개 생산 공장을 돌렸던 시세이도는 판매 부진으로 2015년까지 생산 공장을 3개로 줄였다. 저출산·고령화로 화장품 쓰는 젊은 인구가 급감, 한때 화장품 업체 소멸론까지 나왔고, 관련업계에서는 시세이도가 한국 기

업에 팔린다는 얘기까지 돌았다.

그러나 지금 시세이도는 1980년대 버블기를 방불케 할 정도로 매출과 주가가 치솟고 있다. 주가는 2015년 2000엔대에서 지난달 말에는 8700엔대까지 폭등했다. 매출은 2012년 6823억엔에서 지난해 1조51억엔으로 뛰었다. 시세이도의 운명이 극적으로 바뀐 것은 급증하는 외국인 관광객 덕분이다. 일본 정부는 올해 외국인 관광객이 10년 전(835만명)의 4배에 육박하는 3000만명에 달할 것으로 전망하고 있다. 일본 언론들은 "일본에 온 외국인 관광객들이 시세이도 화장품을 구입 사용한 뒤 귀국해서도 계속 사면서 화장품 내수 판매와 수출이 급증, 공장을 증설하고 있다"고 전했다.[1]

때를 기다리고 있다가 자신에게 기회가 올 때 더 열심히 해야 한다. 주변에서 "쟤 요즘 어학에 미쳤나봐."하는 소리를 들을 정도로 열심히 해보라. 반드시 어학실력이 오른다.

3. 쓰면 정리된다

쓰면 자기 지식이 된다. 적다 보면 자기 것이 된다. 우리가 학창시절에 연습장에 써보면서 외운 원리와 비슷하다. 손이 적으면 손을 통해서 뇌에게 '이건 알아놔야 하는 것이다. 뇌야'하고 명령을 내린다. 적으면 포지셔닝이 잡힌다.

정리가 되면서 내 것이 된다. 적는다는 것도 하나의 완결적 모습이기 때문이다. 인간은 완결적이 아니면 적기를 무척 불편해 한다. 지금 필자가 이렇게 신나게 타이핑을 치는 것도 완결적인 생각이 정리되어서 그대로 타자만

---

[1] 조선일보 18년 10월 18일

친다고 생각하니 정리가 되는 스마트한 기분이 생긴다. 그렇다. 과거에는 혼자서 거의 다 했다. 아주 일부 귀족을 빼고는 말이다. 그래서 이제는 '스스로가 주체가 되어서 하는 쓰기 활동이 중심이 된다.'이다. 쓰면 자기 것이 된다.

4. 아무것도 안하는 것 보다는 뭐라도 하는 게 낫다

1) 필자의 인생관

이것은 필자의 인생관이고 기업을 운영함에 있어서의 철칙 철학이다. 그래서 필자는 정주영회장의 "임자 해보기나 했어?"라는 표현이 참 좋다. 좌우지간 그에 대한 적응으로서 임기응변 대답법에 대해서 논해본다.

2) 임기응변 대답법

외국인과 대화를 할 때에 임기응변 대답법에 대해서는 좀 고민의 필요하다. 대화를 하는데 그쪽에서 물어볼 때 답이 제일 곤란하다. 그런 때의 임기응변 대답법에 대해서 논해본다. 그것은 두 단계로 이뤄진다. ①먼저 질문을 정리한다. 그게 택일형인지 아니면 주관식인지를 먼저 파악하라. ②추가 정리, 재 질문을 하라.

①의 경우 택일형이면 뭐라는 것인지 물어보는 것이다. 주관식이면 ②에 해당하고 그러면 그 대략적으로 자신이 파악한 것에 대해서 재질문의 형식으로 자신이 아는 만큼이라도 재 질문을 해서 성의를 보여라. 만약에 주관식 질문을 했는데 "yes"나 일본어로 "하이"이래 버리면 상대방은 '아 이 사람은 나의 말을 이해하지 못하는데도 저렇게 얼버무리는구나.'하면서 입을 닫아버리게 된다.

5. 여름에도 집합 겨울에도 집합

1) 확실한 방법으로 하지 많으면 갈등만 하다가 시간 다 간다

확실한 방법으로 무엇인가를 하지 않으면 늘 갈등만 하다가 시간이 간다. 예전에 본 학습지 참고서 광고가 기억이 난다. 그 광고 속에서 중심을 잡지 못하는 아이는 여름에도 집합, 겨울에도 집합만 공부하는 아이로 묘사가 된다. 그러나 자신들의 참고서를 보면 진도가 잘 쑥쑥 나간다는 내용이었다.

2) 어학은 특히 그렇다

어학은 필자가 말하는 방법대로 해라. 그러면 조금씩 나아지는 자신이 발견이 될 것이다. 그러면 늘 거기에 머물지 않고 나아간다. 단 그러면서 자신의 진척에 대해서 반드시 기록을 남겨서 자신을 돌아보는 것은 필수의 과정이다.

6. 1만 시간

1) 정말로 1만 시간?

우리는 1만 시간까지는 걸리지 않지만 언어 학습의 망각적 성질 때문에 볼 때는 알아도 나중에 돌아서면 또 잊어버리고는 한다. 그런 성질 때문에 오랜 시간의 축적이 필요하다. 물론 1만 시간 까지는 아니어도 말이다.

2) 1만이 아니어도 시간이 필요하다

필자가 가장 존경하는 스포츠맨중의 한명인 조코비치는 "시간이 필요하다."

고 했다. 오랜 슬럼프 후에 유에스 오픈에서 우승 후 말했다. 실질은 시간이 걸린다는 점이다. 단어장의 자신만의 소중한 재산이다. 이래서 남이 만들어준 노트는 의미가 없다는 말이 나온다. 시간의 값어치가 담긴 재산이다.

VI. Q&A

Q1. 받아쓰기는 어떻게 할까요? 전 저희 아버지가 늘 외국어는 받아쓰기를 해보는 게 중요하다고 하셔서요. 그런 생각이 강합니다.

A1. 받아쓰기는 번거롭고 어렵지만 굳이 해보시겠다고 하시면 이렇게 하기를 권해드립니다. 본문에서도 나오지만 자신이 제일 흥미가 가는 컨텐츠를 잡으세요. 그리고 받아쓰시되 핵심은 ①한글로 써도 됩니다. 꼭 영어나 일본어로 쓸 필요 없습니다. ②그리고 반드시 단어정리를 하십시오. 그것 안하면 받아쓰기 하나 마나입니다.

Q2. 스토리로 외우고 스토리로 기억하기 어떤가요? 저는 중학교 때 그렇게 일본어 수업에서 배워서 아주 효용이 높았는데요.

A2. 그 당시에는 스토리도 기억나지만 시간 지나면 별로일 수 있습니다. 거의 전혀 생각안날수도 있습니다. 그래서 스토리를 가지고 많이 하시되 그것만 믿고 '스토리로 하면 다 해결이 될 것이다.'라는 안일한 생각만 하지 않으시면 됩니다. 또한 모든 것을 스토리를 통해서만 해결하려고 예를 들어서 단어도 꼭 스토리 있는 것만 해서 자기 것으로 만들려고 하면 다 못합니다. 그러니 활용은 하되 집착은 마십시오.

Q3. 요즘 보니까 하루에 3줄 매일 일기쓰기 이런 것도 유행하던데 그런 것도 우리 시간이 없는 법조인들에게는 좋은 거 아닌지요?

A3. 아주 좋지요. 늘 말씀드리지만 안하는 것보다는 하는 게 뭐래도 낫습니다. 단 꼭 한영 한일 한중 전자사전을 두고 하세요. 전자사전이라고 해봐야 다른 게 아니라 네이버 사전이나 구글 번역기를 컴에서 열어놓고 쓰시라는 이야기지요. 뭐 써봐야 거의 90프로 이상 종이를 쓰지 않고 컴에서

쓰실 테니까요. 그냥 막 쓰지 마시고 가급적 아주 까지는 아니래도 나름 정확한 표현을 익히려고 노력하세요. 이건 뭐 초기에 잡지 못하면 잡지 못한다는 고리 타분한 생각의 이야기를 하려고 하는 것은 아니고요. 그렇게 찾아보고 정확히 하려는 노력이 결국에는 결실을 봅니다. 그래야 제가 생각하는 '실력이 쌓이면 다른 곳과 네트웍적으로 연결이 된다.'논리에도 부합을 하구요.

Q4. 저는 머리가 나쁜 건지 지독히도 일본어에서의 히라가나 가타가나가 잘 안 외워집니다. 인터넷을 보니까 저 같은 사람이 많은 것인지 뭐 이상한 공식이나 그런 것으로 외우는 비법 이래서 나오던데 그렇게 해볼까요?

A4. 여기저기에 붙여놓고 보세요. 자주 봐야합니다. 알파벳하고는 다르게 잘 안 외워집니다. 언어 공부는 모자이크입니다. 차안에서도 시동 걸기 전에 벽에 하나 붙여 놓으세요. 안전에 방해 받지 않는 한도에서 말입니다. 집안에서도 냉장고 노트북에 많이 붙여두고 부지런히 보세요. 시간이 해결해 줍니다.

Q5. 그럼 운전할 때처럼 '찾아보지도 못하면서 일본 뉴스 듣는 것은 아니다.'는 건가요? 저는 몇 년째 그렇게 하는데 집에서 내용 확인을 안 해서 그런지 별로 진척이 없네요.

A5. 지금의 일본뉴스는 중간 중간에 들어서 아는 단어도 있는데 어려운 단어들에 묻혀서 아는 것입니다. 어학은 모자이크입니다. 처음에는 그 위력을 잘 모르는데 실력이 쌓여서 좀 실력이 뭉쳐지면 그 실력들끼리 네트웍을 이룹니다.

Q6. 요즘 보면 해커스 초급영어, 시원스쿨 같은 거 해보면 어떨까요? 거기는 나름 왕 초보들을 위한 여러 가지 아주 쉬운 클래스를 열어서 사기 진작을 하는 것 같던데요.

A6. 의미가 있습니다. 뭐래도 인기가 있는 것은 허수도 있고 마케팅의 힘도 있지만 대체고 그 메시지가 의미가 있기에 사람들이 동조하는 것이지요. 특히 그간 약했던 기초영어 분야를 그런 업체들이 잘 공략해서 여러 사람들에게 도움을 줌에 대해서는 부인하고 싶지 않습니다. 다만 단어장을 만드는 게 제일 중요합니다. 그거 안하면 역시 일방 주입식에 불과하구요. 그런 공부는 시간 낭비적 요소가 큽니다.

Q7. 정말 생 초보인데 어떻게 할까요?

A7. 일단 책 세권이 필요합니다. 문법책, 단어 책, 영화 같은 스토리 책 이렇게요. 단 무조건 다 쉬운 것이어야 합니다. 일단 문법책은 정말로 대충 보세요. 그냥 무슨 뜻인지 몰라도 백 번쯤 보세요. 그러다 보면 뭐래도 나옵니다. 단어 책은 아주 쉬운 것 유치원용으로 나온 것이라도 좋으니 쉬운 것으로 해서 보시도록 하십시오. 또한 영화나 소설 같은 스토리 있는 책도 역시 수준이 아주 낮은 흔히 말하는 sesame street 정도 의 것을 보셔도 됩니다. 그래도 자신의 수준이 낮으시면 그것도 만만치 않으실 것입니다.

Q8. 저는 선배의 추천으로 계속 텔레비전을 보는 방법을 하고 있습니다. 심심치는 않은데 뭔가 발전은 없는 것 같고 지금 박사님 말씀 들어보니 좀 문제가 있네요. 그럼 확인이나 정리를 하지 않고 이런 자료를 보는 것은 그다지 효과가 없을까요?

A8. 절대로 실력이 안 늘지요. 발전이 없는데 뭐가 늘까요? 이 책을 읽어보니 너무 당연하지 않나요? 오히려 제가 물어보고 싶네요. 반드시 확인을 하는 절차를 거쳐야 합니다. 즉, 저게 무슨 소리인지 한글로는 캐치했는데 정확한 뜻이 잡히는 않는다면 그 소리가 무슨 소리인지 정확히 찾아서 정확히 머리에 입력해야 합니다.

Q9. 어떤 강사 분은 말해보면 내 것이 된다고 하시던데, 어떠세요?

A9 누구지요. 정확히 맞는 말씀입니다. 백날 수동적으로 공부해봐야 실력 안 늡니다. 자기 것으로 해서 자기 뇌 자기 귀에 넣어야지요. 자기 귀에 넣은 어학 지식만 돈으로 된 지식입니다. 그전에는 아무것도 돈이 되지 않습니다. 뭐 돈돈 했다고 해서 대단한 거 아니고요. 그 만큼 확실히 한다는 소리로 말하는 것입니다.

Q10. 소리 노트 너무 좋아 보이는데 한글로 그렇게 적어도 되나요?

A10. 네. 그게 혁신입니다. 사실 우리는 그간 너무 외국어를 소리를 한글로 옮기는 것에 대해서 천박하다고 생각한 게 사실인데 그게 좀 딜레마였습니다. 특히 4개 국어를 해보면 한글이야 말로 아주 빠르고 정확하게 다른 나라의 발음을 옮길 수 있는 언어이거든요. 그런 우수성을 우리가 스스로 무시한 것이지요. 그것도 일종의 사대주의라고 볼까요? 일본어는 영어를 소리로 옮기기에 무척 힘이 듭니다. 그리고 한글은 친숙하기도 하구요. 우리가 몇 십 년을 살아가면서 써온 도구이구요. 또한 딱히 대안도 없다는 것도 하나의 중요한 이유가 될 것입니다.

Q11. 방법은 너무 좋아 보입니다. 하루에 몇 개 정도의 시도를 해볼까요?

A11. 일단 하루에 10개를 해보세요. 더하면 좋은데 일단 실현가능한 목표를 잡고요. 하루에 열 개를 하다보면 물론 이것은 새로 긁어내서 추가하는 개수입니다. 그러다 보면 이미 한 것 중에서 '아 여기 이미 내가 찾아놨었네'하고 생각하는 것들이 생기구요. 그리고 그런 소리를 못 찾으면 못 찾은 대로 적어두세요. 나중에 다 의미가 있습니다.

Q12. 저는 아무리 노력해도 영어는 참 젬병인데, 일본어부터 정복하고 할까요? 일본어 공부가 영어에 도움이 될까요?

A12. 그러세요. 아무리 일본어가 웃고 시작해서 울고 문 닫는 언어라고 해도 그래도 영어보다는 낫습니다. 특히 소리 부문 때문에요. 뭐가 들려야 뭐래도 해보지 않겠습니까? 특히 일본은 우리와 같은 한자 문화권이라서 공부를 하다보면 그래도 뭐래도 도움이 되는 게 많습니다. 그러니 일단은 일본어로 좀 언어 공부의 자신감을 가진 후에 영어를 가는 것도 좋은 어프로치입니다.

Q13. 제가 이제 진도가 좀 지지부진해지는 모습이 생긴 거 같습니다. 어떻게 해야 할지요?

A13. 동기부여가 중요합니다. 유학을 다녀온 사람들이 영어를 잘하는 이유는 적어도 제가 봤을 때는 해외를 다녀왔기 때문이기도 하지만 '거기서 공부를 해야 한다. 그러려면 꿀리지 않아야 한다.'는 개인적 동기부여의 목적이 분명하기 때문입니다. 중간에 학습 고원은 반드시 옵니다. 그러기에 그럴 때는 다른 언어를 공부를 해보세요. '하나도 힘든데.' 하실지 모르겠는데

해보면 의외로 잘됩니다. 그래서 필자가 시킨 대로 문법 무시하시구요.

Q14. 정리 안하고 책읽기도 문제겠네요.

A14. 맞습니다. 정리하지 않고 책 읽기도 문제가 됩니다. 반드시 읽고선 정리해두세요. 다만 듣기와는 다르게 읽기는 정확한 발음을 알 수가 없으니 소리 순서대로 적지는 못하겠네요. 바이블 부분에 정리 잘해두시기 바랍니다.

Q15. 새로운 것을 익히려는 학습용 아티클과 나의 지금 실력을 확인하는 정도인 검산용 내지는 확인요망 아티클이 있는 거 같습니다. 맞는지요?

A15. 맞습니다. 그 기준은 역시 단어장입니다. 단어장이 있으면 굳이 그런 두 개의 차이 없습니다. 학습용이 검산용이 되기도 하고 역의 경우도 얼마든지 일어나거든요.

Q16. 갑자기 평소에는 잘 알던 단어가 잘 생각이 나지 않는다던지 하는데 외국어는 그런 한계가 있나요?

A16. 네 있습니다. 분명히 한계가 있습니다. 그런데 그게 꼭 외국어만의 문제는 아니고요. 나이의 문제도 있고 우리나라 말의 정보도 그렇게 잠시 소멸되기도 합니다. 그러니 너무 의기소침하실 문제는 아닙니다.

Q17. 저는 노래로 공부해보려고 하는데 어떤지요?

A17. 노래 암기에 대해서도 신경을 쓰십시오. 다만 아주 대단한 게 아니라 '모자이크를 채워나가는 것 중의 하나이다.'정도로 신경을 쓰십시오. 다만 마음이 동해야만 또한 사연이 있거나 해야만 생각이 간다는 점을 늘 염두에 두십시오. 역시 단어장 만드는 게 제일 중요하고요. 다만 영어 등은 그 연음 발음이 중요하니까 그 발음에 따른 정리노트 반드시 부탁드립니다.

Q18. 사진으로 단어 외우기를 해보고 싶은데 좋을까요? 이번에 도쿄를 가는데 사진을 많이 찍으면 그래도 머리에 좀 남지 않을까 해서요.

A18. 네. 맞습니다. 제가 찍은 사진처럼 저 사진만 봐도 같이 습득할 단어가 많습니다. 저건 도쿄의 간다 고서점거리에서 안경 전문점 간판을 찍은 것인데 '메가네メガネ' '센몬덴專門店' '쇼교創業' 같은 단어들이 저 사진을 가지고 자연 습득 됩니다. 물론 뜻과 소리를 찾아야 하는 단어장을 만드는 노력은 하셔야 하고요. 적극 권장합니다. 저 안경점이 메이지 12년(明治十二年, 1879년)에 창업했다는 것도 대단하고 일본의 가업정신도 대단하지만 우리는 저걸 통해서 일본어를 하나래도 더 배우는 게 대단한 것입니다.

또 저 사진에서 우리가 알아둘 것은 가타가나라는 것이 주로 외국어 표기

에만 쓰이는 것으로만 알고 있는데 저렇게 뭔가를 강조할 대상에서도 가타가나를 사용한다는 사실도 상기시켜 두면 좋을 듯합니다.

Q19. 이 책을 읽으면서 제일 와 닿은 부분은 '영어 청취가 약한 이유가 들어야 하는 상황이 시끄러운 상황이라서 그럴 수 있다'는 점입니다. 충분히 그럴 수 있지 않나요?

A19. 시끄러우면 당연히 더 안 들립니다. 그러니 말씀은 맞고요. 그래서 공부를 뭐 하나를 하더라도 중간의 판세를 잘 이해하는 것이 중요합니다.

Q20. 이동 시에 저도 영화나 뉴스 등을 보고 듣고 가고 하면서 청취를 하는데 솔직히 확인은 안 해보고 있었거든요. 귀찮기도 하고 시간도 없고요. 그런데 박사님 말씀 들으니 그러면 안 되겠네요?

A20. 네. 뭐든지 해서 나쁠 게 있겠습니까만 '듣고도 찾아보지 않을 것을 듣는 것은 아니다.'라고 하는 것입니다. 학교나 학원에서는 수업을 들어야하니 힘들다고 하더라도 독서실이나 집에 와서는 반드시 자기 것으로의 먹거리 파일을 만드세요.

Q21. 문법 없이 해석하고 청취하자고 하시는데 실제로 그 청크가 결합이 되는 것도 하나의 문법 아닐까요?

A21. 맞습니다. 그런데 그게 되게 간단해서 제가 막 부르짖는 것이지요. 늘 하고 있는 이야기지만 주동목(또는 주목동) 그리고 수식어와 피수식어 전치사 명사(또는 명사와 접사 조사) 이것이 전부입니다.

Q22. 저는 박사님의 말씀 다 동감하고요. 그래서 단어장을 100개-500개-1000개 이런 식으로 관리하고자 합니다. 맞는지요?

A22. 좋은 말씀입니다. 그렇게 개수 관리가 안 되면 단어장 페이지수로 관리하세요. 확실히 단어장의 개수가 20장인 것과 50장인 것은 위력이 다릅니다.

Q23. 그럼 박사님 말씀대로면 학원 강의는 어떻게 판단해야 할까요?

A23. 네. 학원은 우리나라 학습자들의 가장 보편적인 학습형태입니다. 만약에 학원에서 우리가 말하는 단어장을 써가면서 까지 공부를 가르친다면 제일 '베리굿'이구요. 그렇지 않다면 학원을 다니면서 여러분 스스로가 단어장을 작성하세요. 엄밀히 말하면 저의 이 책에서의 학습법은 학원을 굳이 다닐 필요가 없습니다만, 늘 말하지만 공부해서 남 주지 않습니다. 그러니 학원을 다닐 수 있으면 다니시고 다닐 거면 제대로 다니세요. 학원의 좋은 점은 ①입체적이지 않은 책의 평면적 지식을 음성으로 듣게 해준다는 점이구요. ②시간적으로 정해진 것과 남의 이목이란 게 있기에 학습 강제적인 요소도 작용합니다.

Q24. 박사님의 말씀들은 다 와 닿고 또 다 맞아 보이는데 이것도 그럼 하나의 학습요령이라고 보면 될까요?

A24. 네. 가볍게 보면 요령이고 무겁게 보면 진리겠지요. 우리는 많은 시간을 어릴 때부터 어학에 투자하지만 정작 귀 뚫기가 잘되거나 입이 뻥 뚫린 사람들 보기가 쉽지 않지요. 바르게 학습하면 바르게 결과가 나옵니다. 우리가 주변에 보면 무슨 일을 해도 좀 요령 있게 하는 사람들이 있지요. 뭐

예를 들어서 무슨 운동을 해도 조금만 배우면 잘하는 사람이 있습니다. 그런 사람들은 흔히 말하는 운동신경이 좋은 것이지만, 또 어떻게 보면 각 종목의 요령을 아주 빨리 파악하는 사람들입니다.

Q25. 왜 단어장에 품사 분류는 꼭 해야 하는지요?

A25. 지금 외국어 학습은 그 해당언어에 대해서 백지상태인 여러분의 뇌를 하나씩 하나씩 모자이크화 하는 것이라고 설명 드렸습니다. 그렇다면 그 모자이크도 괜한 쓸데없는 중복이 있거나 그렇지 않게 잘 중첩을 시켜야지요. 즉 다시 말해서 교통정리가 필요한데 그 교통정리가 바로 품사 분류가 될 것입니다.

Q26. 단어가 잘 안 외워집니다. 제가 머리가 나쁜 건지 무엇인지 참 속상합니다.

A26. 각 나라마다의 단어를 외우는 법이 있는데 일단 영어는 무조건 어근을 알아야 합니다. sidewalk가 왜 주변길인지도 알아야 하지만 왜 pedestrian이 도보의 보행자의 의미를 가지는지도 파악을 해야 합니다. 그래야만 centipede가 지네인 것도 나오지요. 일어와 중국어는 결국에는 한자 싸움입니다. 따로 한자를 외우시는 노력을 아주 심하게는 안 해도 자신의 단어장에 꼭 한자 섹션을 두고 거기에서 한자를 가나다순으로 정리를 해두세요. 그래야 단어 실력이 빨리 늘어납니다.

Q27. 한국말로 적거나 들으려 하다 보니 자꾸 길가는 외국 사람의 말도 한국말로 소리가 들리는데 정상인지요?

A27. 지극히 정상입니다. 원래 그렇게 들려야 하는데 우리는 우리 풍토가 그러면 야매라고 해서 경시했으니 문제입니다. 그걸 또 제가 여러분들의 족쇄를 풀어 드렸고요. 마음껏 족쇄를 풀었으니 자유로이 공부하시기 바랍니다. 그렇게 외국인들의 말의 소리를 캐치하려는 마음이 지극히 정상입니다.

Q28. 지금의 텔레비전을 틀어놓고 듣기는 언어샤워라는 생각이 듭니다. 비유가 맞을 지요?

A28. 맞습니다. 샤워라는 표현 좋습니다. 그런데 참 비유를 잘 드셨는데 샤워에서 아무리 좋은 물이 따뜻하게 잘 나와도 비누와 샴푸 칠을 제대로 하지 않으면 의미가 없겠지요? 그것처럼 언어가 나에게 산더미처럼 쏟아져도 내가 잘 정리를 해둬서 내 것으로 해두지 않으면 의미가 없습니다. 그 정리가 바로 제가 말씀드리는 ①받아듣고 적기 ②한국말로 된 단어장 만들기입니다.

Q29. 박사님의 방법은 다 이해가 되고 하는데, 아무래도 한글로 단어장을 한다는 게 좀 마음에 걸립니다.

A29. 이해는 합니다만 저희가 한글을 사용하는 것은 한글이라서가 아니라 소리를 정확히 캐치하고 분절시켜서 정리하는 수단으로서가 필요한 것입니다. 다른 대안이 있나요? 없으시면 그대로 하시면 됩니다. 반드시 4개 국어 정복됩니다.

Q30. 큰소리로 읽어라 법은 어떻게 생각하시는지요? 저는 그렇게 하지는 않아도 그게 좋아 보이는데요.

A30. 저는 어학이든 그냥 공부이던 실행성이 제일 중요하다고 보는데 그 방법은 좋은 방법이기는 하지만 글쎄요. 정말로 계속 그렇게 할 수 있을까요? 우리가 텔레비전 홈쇼핑에 나오는 운동기구 광고는 다 같은 말을 합니다. 하루에 텔레비전을 보면서 하루에 20분씩만 하라고. 그러면 우리는 늘 그러지요. '그래 정말로 저기서 시키는 대로 20분만 해보자'하고요. 그러나 그렇게 안 됩니다. 결국 그 운동기구는 빨래 건조대가 되거나 창고에 들어가고 말지요. 그런데 우리의 텔레비전 법으로 하면 지루하지 않게 보면서 그냥 알아서 따라하게 됩니다. 어쩌면 타율적 두뇌동작이지요. 입으로 꼭 소리로 혀로 목으로 하지 않아도 뇌로 되뇌이는 게 굉장히 중요합니다. 결국 큰소리로 읽어라 방법에서도 제일 중점을 두는 것은 소리를 내어 뇌를 움직이게 하는 것입니다.

Q31. 문법 없이 보자고 하셨는데 수동태는 어떻게 볼까요?

A31. 네. 좋은 질문인데 여기도 마찬가지입니다. dog man bite 있으면 당연히 개가 사람을 물었겠지, 사람이 개를 물지는 않았겠지요? 문법 무시하세요. 정확히는 나중에 따지세요. 즉 수동태는 주어와 목적어가 자리를 바꾼 것이라고 보세요. 그럼 됩니다. 여러분이 작문을 해야 하면 수동태와 능동태의 차이를 잘 표현해야 하지만 일단 듣기만 하자는 것입니다. 다시금 말하자면 이것은 동사의 동작방향이 어디로 가는지를 보자는 것입니다.

Q32. 문법을 무시하자고 하시는데, 학창시절에 그렇게까지 해서 배웠던 TO부정사나 분사 등에 대해서는 어떻게 봐야 할까요?

A32. 부정사나 분사도 결국에는 다 동사겠지요. 그것이 중간에 위치에 따라서 명사이고 형용사이고 이렇게 변하는 것이 구요. 그러나 그 의미가 와

닿거나 하는 것에는 전혀 지장이 없거든요. 그러니 문법 없이 할 수 있습니다. 물론 아주 섬세한 작문을 하거나 할 때는 당연히 분사도 쓰고 부정사도 써야합니다. 그러나 최근 그냥 아주 현대적 미국 영화 몇 편 보십시오. 투 부정사 쓰는 경우 거의 없습니다. 그러니 일단 몸통을 이해하세요. 그리고선 부수를 이해하시기 바랍니다. 다시금 이야기하지만 명사의 흐름을 잡으면 거기서 명사에서 명사끼리의 이동과 연결이 중요합니다. 주어는 목적어를 어쩌고저쩌고 할 것입니다. 주어가 사람이고 목적어가 음식이면 동사는 무엇인가를 먹는 것이 되겠지요. 굳이 이런 게 말하자면 예측이 되겠지요?

VII. 제언

1. 네이버 사전

인터넷 사전 검색 기능이 아주 잘되어 있어, 한국말로 적은 그 해당언어의 소리를 그대로 적어도 상당수의 단어가 나오게 된다. 그것도 아이티의 힘이다. 나름의 인공지능기능을 바탕으로 해서 한글 소리 발음을 집어넣어도 적당히 소리를 감지해서 비슷한 일본어와 중국어 글자를 만들어서 조합해준다. 앞으로 베트남어 같은 것도 나올 것이다. 좋은 세상이다.

2. 엔진 퇴화 엔진 녹음의 문제

우리가 해외를 다녀와서 안 쓰면 까먹는다고 하는데 나의 시도가 그것을 까먹는 것을 좀 방지하자는데 있다. 그래서 이 노트를 잘 정리해서 활용하면 혹 까먹어도 나중에 복구를 쉽게 하자는 것도 있다.

3. 타자법은?

한글에서의 한자병음 타자법 즉 알파벳으로 그 소리를 입력하는 타자법을 익히도록 노력한다. 각 언어별로의 타자법을 익혀야 한다.

4. 리딩 보다 리스닝 우선

 1) 외국어 공부 분야도 모자이크

외국어는 모자이크이고 공부의 분야도 마찬가지이다. 하나를 때려잡고 거기에 대해서 다음도 때려잡아야 한다. 즉 가장 답이 바로 나오고 파급효과가 나오는 것을 먼저 때려잡고 그 다음에 다른 것을 정복하는 순서대로 해야 한다.

2) 리스닝의 우선성

일단 말이 들려야 어학은 자신감이 생긴다. 아무리 리딩이 되어도 예를 들어서 중국어의 경우에는 리스닝이 전혀 안되어도 글을 읽을 줄 안다. 그러면 아무래도 리스닝에서는 완전히 위축이 되기 쉽다. 그러니 리스닝을 위주로 하고 리딩을 할 때도 '아 이런 소리는 정말로 나의 리스닝에서(나의 뉴스청취에서) 많이 나오겠다.'하는 것은 그 발음을 찾아서 소리 노트에 적어두기 바란다.

5. 외울 단어의 수

'단어라는 개념으로 굳이 보자면 중국어가 더 단어가 많은가 일본어가 더 단어가 많은가?' 라는 질문이 4개 국어 공부자에게는 던져진다. 형식단어 개념으로는 일본어가 더 많고 실질단어 개념으로 보면 중국어가 더 많아 보인다.

6. 어학학자들과는 다른 접근

어학을 하는 나의 접근은 프랑스어학, 스페인어학과는 차이가 있는가?하는 점이다. 있다. 대학교 어학학자들은 어떤 관점에서 이런 것을 바라보겠는가?

(1)문학의 관점 (2)심미적 관점 (3)배경 사상적 관점 이런 관점으로 다양하게 보실 거다. 필자의 일단 생존하고 많이 만들어서 퍼뜨리자는 실용적 관점과는 다소 차이가 있을 것이다. 그래도 그분들의 역할이 더 커져야 한다고 생각한다. 그래야 진정한 인문학이 큰다. 특히 온 사회가 이과중심으로 가면서 문과가 더 침체되면서 정작으로 이런 분야도 중요한데 인재들이 관심을 소홀히 한다. 자구 노력도 필요하지만 정책적 차원의 관심이 더 필요

하다.

7. 방법이 잡히면 그때부터는 꾸준함의 승부이다

지치지 않게 가는 꾸준함의 승부이다. 대부분의 어학 학습자가 작심삼일을 경험한다. 그 이유 중의 하나는 방법이 잘못된 부분이다. 물론 이렇게 말하면 명필이 붓을 가리나 사공이 노를 가리냐 하고 타박하는 사람도 있겠지만 그렇지 않다. 어학은 정말로 어떤 방법으로 하는가에 따라서 그 결과가 너무나도 차이가 나고 자기가 하는 일에 대한 확신도 엄청 차이가 날수 있다. 그래서 필자의 방법을 완성판으로 해서 제시를 한다. 이제는 방법에 대해서 고민을 하지 말고, 자기 관리를 철저히 해서 꾸준히 자소서 레벨을 올릴 수 있는 사람이라면 얼마든지 자신이 목표로 한 취업이 가능하다고 본다.

8. 모국어

모국어가 여러 개이면 얼마나 좋을까? 그런데 그건 사실 생각해보면 하나마나한 소리이다. 아마도 브라질에서 30년을 산 60살 동포는 사실은 이제 엔진이 장착된 이후는 포루투갈 어가 자신에게는 모국어처럼 들릴 것이다.

아무리 명곡이 아니래도 귀에 익숙해서 자꾸 들어왔고 또 들으면 부담이 안 되고 그리고 (굳이 모르는 노래보다는) 듣고 싶고 하는 게 왜 그런지를 분석해보자. 어머니의 손맛하고 비슷한 것이고 그걸 외국어 학습에서도 적용시켜 보자는 것이다. 음악은 그 내용을 몰라도 가능하지만, 외국어는 내용을 알고 뜻을 알고 글자를 알아야 하기에 바른 입력이 필요하다. 그걸 찾게 되는 원리는 엄마의 손맛의 원리 같기도 하고 그게 모국어처럼 어릴 때부터 먹어서 익숙하고 자꾸 떠오르게 하자는 것이다.

9. 호흡단위

호흡 단위가 중요하다. 일본어를 들을 때도 중국어를 들을 때도 호흡단위가 중요하다. 사람은 호흡단위로 말하고 듣기 때문이다. 그 호흡단위가 체감이 되어야 그 언어에 대한 생각이 팍팍 나게 한다. 말 그대로 몰입이 되게 한다.

10. 이이서 들으려는 마음

 1) 의미

이어서 듣고 이해하고자 하는 마음은 청크만 들어서는 안 되고 계속 이어서 들어야만 도대체 저 말하는 사람(스피커)가 뭘 말하려고 하는지에 대해서 알게 된다. 물론 이것은 그 만큼 개별 청크의 이해숙지 정도가 약하기에 생기는 현상이다.

 2) 모국어와 외국어의 차이

모국어는 사실 이런 게 필요가 없다. 그러나 외국어는 이어서 들으려는 마음이 필요하다. 왜? 조합을 시키는 엔진이 모국어만큼 강하지는 않으니까 말이다. 청크에 대한 우리 몸에 흡착이 느리니까 빨리 단어장을 통해서 자신과 단어 자신과 청크 사이의 거리를 좁히라.

11. 하루 종일 투자하는 날

 1) 집중 투자

하루 종일 받아쓰기만 하는 집중 드릴을 해보면? 너무 좋다. 공부방법이 확립이 된 가운데 하루 종일 그렇게 해보면 분명히 자신의 어학공부에 진취가 있다.

2) 연휴 때

1만 시간까지는 아니어도 무엇이든지 미리 그 경계와 범위를 정해두고 무엇인가를 하면 반드시 결과가 있고 자신에게의 변화가 있다. 연휴 같은 때에 무의미하게 보내지 말고, 뭔가 외국어 학습의 목표를 정해보라. 반드시 답이 있다.

12. 몇 번을 반복해서 봐야 단어가 외워지려나?

1) 백번을 보라

백번 보면 분명히 나아진다. 혹 다 안 외워진다고 해도 단 백번을 제대로 봐야 한다. 그냥 의미 없는 백회 독은 그냥 백회 독에 불과하다. 그러면 뭐가 의미가 있는가? 계기가 있는 읽음이 의미가 있다. 그래서 필자가 자꾸 단어장을 쓰라고 하는 것이고 특히 단어장은 자신이 정리한 게 아니면 의미가 없다.

2) 단어장의 동적 과정

다른 책이나 선생님들이 이런 말을 하는 것은 일방주입식보단 자신이 정리한 게 좋다는 의미를 말하는 것이고 필자는 거기에 좀 더 의미를 더하면 여러 가지 제작상의 동적 과정, 즉 '단어장에 이미 있었네. 그런데 내가 몰랐네.' 내지는 '아 없구나. 그럼 집어넣어서 보강해야지.' 하는 이런 과정들이 그 단어장을 풍성하게 만든다고 생각한다.

13. 단어 테이프듣기의 효용

그럼 테이프 틀어놓고 단어 듣기의 효용은 어떠한가? 거기에 대해서 알아보자. 좋은 점은 ①어찌되었건 어떤 모습이던 가까이 가기이다. ②특히 소리로서 가까이 가기이다. 나쁜 점은 확인이 없는 것은 보기가 아니라 그냥 회독 수이다. 즉 보기는 좀 진실 되게 머릿속에 입력이 되게 해서 그 단어와 자신의 거리가 좁혀지는 것이고, 그냥 회독 수는 아무 의미 없이 그냥 회독 수만 늘리는 것이다. 즉 틀어놓고 머리에 넣으면 왠지 뭔가 되는 것 같아 보이지만 사실은 뭔가 이게 음악과 가미되는 것도 아니고 스토리를 끼고 가는 것도 아니기에 자주 듣는다고 해서 뭔가가 남는 것이 아니다. 다만 기대하는 것은 소리에 대한 친숙성은 익혀진다. 그러기에 중국어를 기준으로 한다면 그냥 중국어만 소리만 나오는 것보다는 중국어 나오고 한국어 나오고 하는 것을 듣는 게 도움이 더 될 것이다.

14. 외국이 좋은 점

1) 외국에의 가슴떨림

여행가기와 책읽기의 차이(외국이 좋은 점)는 어떤 게 있을까? 그걸 알면 어학연수나 해외연수의 효력에 대해서도 확실히 알 터인데 말이다. 외국은 ①실시간적 자극을 준다. ②강한 자극을 준다. 5감에 다 작용하는 자극이다 그런 장점이 있다. 그러나 해외에 외국어를 공부하러 가면 결국 그 말을 구가하는 스피커들의 말을 듣고자 해서 가는 것이니 잘 생각하면 우리나라에서의 책읽기 오디오 듣기 영화보기와 별반 차이는 없을 수 있다. 물론 어찌 차이가 없겠는가? 해외는 나가기만 하면 자신도 모르게 긴장하게 되고 귀가 쫑긋 세워지고 가슴이 콩닥 콩닥 뛰는데.

2) 단어장

죽었다 깨어나도 단어장이다. 단어장을 쓰지 않으면, 아무리 많은 사람의 좋은 이야기를 들어도 의미가 없다. 특히 영어권을 가면 그들의 소리를 유심히 잘 듣고 해서 잘 소리를 연음까지 캐치하는 단어장이 필요하다.

15. 오성식 방법의 해석

유명 영어강사인 오성식 선생은 외국어 잘하는 비결을 물으면 고교생 때부터 학교 수업은 안하고 고궁에 가서 외국인들에게 말을 걸고 이것저것 막 물어봤다고 한다. 중요한 것은 그것을 듣고 와서 노트에 정리를 했다고 한다. 외국인에게 말을 건 적극성도 중요하지만 바로 노트 정리에 큰 의미가 있다. 정리가 있어야 자신의 뇌에 차곡차곡 곡간에 쌓이듯이 외국어 지식이 정리가 된다.

16. 목표 단어 수준

이런 식으로 처리해야 할 일본어의 단어의 수는 어떻게 될까? 이런 식의 개념이 필요하다. 안일하게 처리해서 엄청나게 거의 사전수준으로 양만 많아지는 것 아닌가. 그래도 사전도 점점 내 것이 되어 가면 좋다. 지금은 접근법이 좋기에 점점 내 것이 되어가고 있다. 왜 품사별로 놓으면 안 그러는데 저렇게 놓으면 좋은가? 일단 문자글자로 놓아진 접근법이 좋기 때문이다. 이런 직청직해 파일을 해서 입력해 넣으라는 내부적인 명령이 담겨있다. 그런데 일본학생도 공부가 필요하듯이 나도 그렇게 보면 된다. 그러면 지금은 일본의 유치원생을 목표로 움직인다.

17. 듣기

 1) 듣기만 한다고 되는 게 아니야

지금 (외국어를 들어서) 안 들리는 부분을 나중에 들리게 준비해두는 것이 중요하다. 그 부분이 같은 아티클이던 다른 아티클이던 말이다. 그게 외국어 준비의 중요한 본질이고 과정이다.

 2) 들어야 더 잘 된다

듣기가 외국어 학습에 좋은 점은 쌍방향성을 가장 극대화해서 학습에 체험시킬 수 있다는 점이다. NHK일본 뉴스를 아무 뜻도 모를 때는 그런가 보다하는데 저 말이 무슨 말인지를 점점 알게 되면 그 미모의 여자아나운서랑 대화하는 듯한, 또는 그 잘생긴 남자 리포터의 보고를 받는 듯한 느낌을 느끼게 된다. 리딩에서는 느낄 수 없는 매력이다.

18. 대화의 수준

대화를 할 수 있는 수준을 그 수준에 따라서 다음과 같이 나눠 본다. 그 수준별로 자신이 어느 정도까지 왔는지를 잘 체크해서 일기 등에 잘 표현하면 나중에 자신을 돌아보기에 아주 좋은 자료가 된다.

① 현지 가이드가 가능한 수준
② 현지에서 점원 등을 상대할 수준
③ 공용멘트가 이해될 수준(비행기 승무원의 멘트 등)
④ 녹음을 해온 대화 테이프를 들었을 때 다 이해할 수준
⑤ 낯선 사람에게 말을 걸 수준

19. 인공지능과 외국어

외국어 불필요론 내지는 외국어 학습 불필요론에 대한 이야기가 있다. 인공지능이나 로봇이 외국어도 알아서 해준다는 것이다. 말도 안 된다. 굳이 SF

같은 이야기를 하고 싶지 않지만 우리가 로봇들에게 세상을 내어주지 않으려면 이게 로봇들에게 놓지 않은 키 중의 하나가 되어야 한다. 그런 식으로 인공지능에게는 절대로 외국어분야 만큼은 개방하면 안 되는가? 그런데 반대로 지금까지 그들은 그것을 잘 이용하면 여러분들의 실력향상은 될 것이다.

20. 두뇌의 총량

1) 뇌의 한계는 있는가?

이렇게 영어와 중국어 일어를 채우면 머리가 터지려나? 이런 식의 의문은 누구나 제기해 봄직한 것이다. 아직은 확실히 규명이 되지는 않은 것 같다. 학자들끼리도 머리의 용량은 한계가 '있다'와 '없다'로 견해가 나뉜다. 필자는 개인적으로 한계는 없어 보인다는 생각이다. 물론 많은 지식이 들어가면 끄집어 내오기가 좀 더 어려울 것이다. 그래도 '저장해 두는 데는 한계가 없지 않는가.'라는 것이 나의 생각이다.

2) 끄집어 내오는 속도

그러나 물리적으로 한계라는 것이 왜 없겠는가? 그러기에 많은 지식이 들어올수록 재인(re-recognition)이 쉽지 않을 것이다. 그래서 많은 지식이 들어가 있으면 그것을 끄집어 내오는 것에서 문제가 생길 것이다. 그래서 ①터지지는 않는다. 오히려 정돈이 된다는 생각 그리고 ②그게 채워지면 다른 지식이 그만큼 못 들어가는가에 대한 생각 등이 꼬리를 문다.

21. 소리를 보여주는 언어

영어가 힘든 이유는 영어가 소리를 보여주는 언어로서 교과서에서 배운 대로 하면 표음문자인데도 그 소리가 그대로 나지 않는다는 점이다. 일본어는 역시 표음문자인데도 일본어의 발음 체계가 너무 단순해서 문자가 발음 그대로를 보여주게 된다. 중국어는 표음문자가 아니라 어차피 표의 문자이기에 차원이 다른 문제가 된다.

22. 혼이 담긴 노트

같은 문자로 적어진 것이라도 그 속의 의미 때문에 그 가치는 확 달라진다. 어떤 내용은 그냥 기계적으로 적기만 하고 힐끗 보기만 한 것이기에 그다지 가치가 크지는 않다. 필자는 여러분들이 받아듣고 적기를 해서 일일이 듣고 나서 '잘 안 들린다.' '찾아봐야겠다.'고 해서 찾아본 것을 적은 것의 가치는 무척 크다고 본다. 즉 영혼 없이 적은 것과 시행착오와 영혼을 담아 적은 것은 분명히 다른 필기이다. 그 점을 학습자들은 명확히 알아줬으면 한다. 거기에다가 언어의 망각이라는 요소라는 것이 결합이 되면 더 그 차이는 커진다. 아무래도 영혼이 적은 것은 쓸 때만 기억되지 나중이 되면 까먹기 십상이기 때문이다.

23. 바이블적 요소가 있어야 한다

듣고 적어서 정리하거나 받아듣고 적기를 해서 단어장을 만들더라도 바이블적인 단어장이 있는 것은 좋다. 물론 시중에 나온 사전을 보면 좋다. 그러나 사전은 너무 광범위 하지 않은가? 그러니 자신만의 바이블적인 것은 있어야 한다. 그것은 주로 품사별로 정리된 게 좋다. 명사 동사 형용사 부사별로 정리가 되고 그 안에서는 가나다 순 또는 ABC 순으로 정리한다. 거기에다가 일본어 노트는 한자까지 따로 정리가 되어야 한다. 한자는 지금 말한 품사와는 조금 또 다른 차원의 정리요소이기 때문이다. 다만 중국어는 그다지 그럴 필요가 아주 크지는 않다. 중국어는 한자 자체가 전체 단어의 구성요소이기 때문이다.

24. 다른 언어를 제시하는 이유

저는 영어만 하고 싶은데 굳이 일본어의 이야기를 봐야 할까요? 하는 질문이 가능하다. 그러나 다른 언어와의 연관성을 잘 익히면 더 자신이 공부하는 언어의 습득도가 확 빨라진다는 것이 필자의 견해이다. 따라서 같이 잘 봐두라. 더 공부를 하면 더 좋고 다만 겉핥기라도 말이다.

25. 바이링구얼 어린 세대

이제 미국에서 태어나서 미국시민권을 가졌다든지 하는 어린 세대들이 더 속속들이 등장하고 있다. 그러니 기성세대들은 더 긴장하고 외국어 공부를 소홀히 하지 말지어다. 세상은 이들에 의해서도 아주 빠르게 바뀌어져 가고 있다. 우리가 흙수저라도 좋은 직장에 들어갈 꿈을 꾸는 것은 평등하기 때문이다. 이렇기에 이제는 나이도 문제가 되지 않는다. 상시채용이 일반화되면서 말이다.

26. 더 나은 방법

필자로서는 가장 최선의 외국어 학습법을 여러분들에게 제공했다는 자신감과 자부심이 있다. 그래도 혹시 더 좋은 방법을 제시할 수 있다면 언제라도 연락 및 건의 바란다. 출판에 대해서도 적극 협조해드릴 용의가 있다.

VIII. 결론

이 책은 다음의 몇 가지 핵심적인 메시지로 귀결이 된다. 이에 대해서 확실히 숙지를 부탁드리고자 한다.

- 문법 없이 듣기
- 먹거리 단어와 청크(직독직해 단어와 청크)만들기
- 받아듣고 적기
- 한글로 발음 적어서 정리하기
- 단어 노트 적기
- 4개 국어 노트 적기

그런데 여기의 것들의 공통점은 여러분들이 외국어 공부를 함에 있어서 지레 겁먹거나 하면서 힘들어 할 요소들을 제거해주었다는 점이다. 문법에 여러분들이 늘 머릿짐이 있기에 영어를 공부해보고자 해도 어려웠고 리스닝을 하면서도 뭔가 자신이 '지금 좀 뭔가를 해야 하는 것 아닌가'라는 가위눌림 같은 게 있었는데 본서는 그것을 제거해주었다. 또한 이야기를 들으면서도 명사가 제일 중요하다는 것을 부각시켜서 다른 것들에 대한 여러분들의 쓸데없는 신경쓰임을 제거해드렸다.

그래서 여러분들은 꼭 외국 유학을 가지 않아도, 여러분이 '흙수저'라도 얼마든지 자유로이 여러 가지 외국어 구사가 가능해서 더 한층 여러분들의 스펙을 심도 있고 풍부하며 폭넓게 만드는 것이 가능할 것이다.

〈키워드〉

가청 DB탱크
국경 파괴
고원
기억의 매개체
네이버 사전
다국어 변환논리
도치
동대문
동시통역사의 예측훈련 수업
리듬감
만물박사
먹거리 단어
모국어
모자이크
문법 없이 듣기
뭐래도 하는 게 낫다
바른 입력
받아 쓰기
백지에 그림 그리는 과정
바이링구얼(bilingual)
베트남어
비익숙에서 익숙의 영역으로
성조
소소한 실천

소리 단어장
수동태
쓰면 정리된다
시제
오성식
영화 통째로 보기
의문사 의문문
의미부여
의식의 흐름
자극은 에너지
직청직해
청크
컨텐츠 늘리기
큰소리로 읽기
텔레비전 학습
평생기억
프랑스어
해외여행
후치
흙수저
1만 시간
4개 국어 단어장
8품사
TED

도 서 명: 기술지도사를 위한 다양한 외국어 즐겁게 공부하는 법
저   자: 최단시간외국어연구회
초판발행: 2024년 12월 20일
발   행: 수학연구사
발 행 인: 박기혁
등록번호: 제2020-000030호
주   소: 서울특별시 영등포구 버드나루로 130 1층 104호(당산동, 강변래미안)
Tel.(02) 535-4960 Fax.(02)3473-1469

Email. kyoceram@naver.com

수학연구사 Book List

9001 고1,고2 내신 수학은 따라가지만 모의고사는 망치는 학생의 수학 문제 해결법
저자 수학연구소 / 19,500

9002 이공계 은퇴자와 강사를 위한 수학 과학 학습상담센터 사업계획 가이드
저자 수학연구소 / 19,500

9003 고3 재수생 수능 수학 만점, 양치기를 어떻게 바라보고 극복할 것인가
저자 수학연구소 / 19,500

9004 대학생들이 세상에서 가장 효율적으로 일본어를 정복하는 방법
저자 최단시간일본어연구회 / 19,500

9005 프랑스어를 꼭 공부해야 하는 대학생들이 쉽게 어려운 단어를 외우는 방법
저자 최단시간프랑스어연구회 / 19,500

9006 중국어를 빠르게 배우고 싶은 해외 파견 공무원들을 위한 책
저자 최단시간중국어연구회 / 19,500

9007 변리사들이 효율성 높게 일본어를 익히는 법
저자 변리사실무연구회 / 19,500

9008 세무사가 업무상 필요한 일본어 청취를 빠르게 습득하는 법
저자 세무사실무연구회 / 19,500

9009 심리상담사가 프랑스어 단어를 빠르게 익히는 방법
저자 상담심리실무연구회 / 19,500

9010 업무용 일본어 듣기의 효율성을 높이는 법: 해외파견공무원용
저자 공무원실무연구회 / 19,500

9011 관세사들이 스페인어 단어를 쉽고 빠르게 외우는 법
저자 관세사실무연구회 / 19,500

9012 스페인어 리스닝을 쉽게 하는 법: 해외파견금융기관직원을 위한 책
저자 금융실무연구회 / 19,500

9013 관사세가 알면 좋을 프랑스어 단어를 효율적으로 외우는 법
저자 관세사실무연구회 / 19,500

9014 법조인이 알면 좋은 스페인어 단어를 빠르게 익히는 법
저자 법조인실무연구회 / 19,500

9015 법조인이 알면 좋은 스페인어 단어를 빠르게 익히는 법
저자 법조인실무연구회 / 19,500

9016 미용 뷰티업계에서 알면 좋은 이탈리아어 단어 빠르게 외우는 법
저자 뷰티실무연구회 / 19,500

9017 간호대학생과 간호사 의학용어시험 만점! 심장순환계통단어 암기법
저자 의학수험연구회 / 19,500

9018 항공공항업계에서 알면 좋은 스페인어 단어 스피드 암기법
저자 항공공항실무연구회 / 19,500

9019 약사와 약대생을 위한 의학용어 만점암기법_ 심장순환계와 근육계
저자 의학수험연구회 / 19,500

9020 한의사와 한의대생을 위한 양의학용어 암기법_ 호흡기와 감각기
저자 의학수험연구회 / 19,500

9021 의료변호사를 위한 의학용어 암기법_ 소화기와 비뇨기
저자 의학수험연구회 / 19,500

9022 건강보험공단 직원과 취준생을 위한 의학용어 암기법_ 감각기와 호흡기
저자 의학수험연구회 / 19,500

9023 간호사 국가고시 합격기간 단축하기_ 1교시 성인간호, 모성간호
저자 의학수험연구회 / 19,500

9024 건강보험공단 직원과 취준생을 위한 의학용어 암기법_ 감각기와 호흡기
저자 의학수험연구회 / 19,500

9025 수의사와 수의대생을 위한 의학용어 암기법_ 근골격계와 심장순환계
저자 의학수험연구회 / 19,500

9026 식품위생직, 식품기사 시험을 위한 식품미생물 점수 쉽게 따기
저자 식품위생연구회 / 19,500

9027 영양사 시험 스피드 합격비법_ 1교시 영양학, 생화학, 생리학 중심
저자 영양사시험연구회 / 19,500

9028 영양사 시험 스피드 합격비법_ 2교시 식품학, 식품위생 중심
저자 영양사시험연구회 / 19,500

9029 6급 기관사 해기사 자격 시험 스피드 합격비법
저자 해기사시험연구회 / 19,500

9030 재배학개론 농업직 공무원시험 스피드 합격비법
저자 공무원시험연구회 / 19,500

9031 식용작물학 농업직 공무원시험 스피드 합격비법
저자 공무원시험연구회 / 19,500

9032 수능 지구과학1 입체적 이해로 만점 받기
저자 수능시험연구회 / 19,500

9033 건축구조 건축직 공무원 시험 교과서 술술 읽히게 하는 책
저자 공무원시험연구회 / 19,500

9034 위생관계법규 조문과 오엑스 조리직 공무원시험
저자 공무원시험연구회 / 19,500

9035 자동차구조원리 운전직 공무원 시험 교과서 술술 읽히게 하는 책
저자 공무원시험연구회 / 19,500

9036 수의사와 수의대생을 위한 의학용어_ 암기법 소화기와 비뇨기
저자 의학수험연구회 / 19,500

9037 도로교통사고 감정사 1차 시험 교과서 술술 읽히게 하는 책
저자 자격증수험연구회 / 19,500

9038 위험물산업기사 필기시험 교과서 술술 읽히고 암기되게 하는 책
저자 자격증수험연구회 / 19,500

9039 소방관계법규 조문과 오엑스 소방직 공무원시험
저자 공무원시험연구회 / 19,500

9040 양장기능사 필기시험 교과서 술술 읽히고 암기되게 하는 책
저자 자격증수험연구회 / 19,500

9041 섬유공학 패션의류 전공자가 섬유가공학 술술 읽고 학점도 잘 받게 해주는 책
저자 섬유공학패션연구회 / 19,500

9042 의류복식사 술술 읽고 학점 잘 받게 해주는 섬유공학 패션의류 전공자를 위한 책
저자 섬유공학패션연구회 / 19,500

9043 반도체장비유지보수 기능사 필기 교과서 술술 읽히고 암기되게 하는 책
저자 자격증수험연구회 / 19,500

9044 4급 항해사 해기사 자격 수험서 술술 읽히고 암기되게 하는 책
저자 자격증수험연구회 / 19,500

9045 접착 계면산업 관련 논문 특허자료 술술 읽히고 암기되게 하는 책
저자 접착계면산업연구회 / 19,500

9046 재수삼수 생활로 점수 올려 대입 성공한 이야기
저자 오답노트컨설팅클럽 / 19,500

9047 치위생사 국가시험 수험서 술술 읽히고 암기되게 하는 책
저자 자격증수험연구회 / 19,500

9048 치위생사 국가시험 수험서 술술 읽히고 암기되게 하는 책_ 2교시 임상치위생처치 등
저자 자격증수험연구회 / 19,500

9049 가스산업기사 필기시험 수험서 술술 읽히고 암기되게 하는 책
저자 자격증수험연구회 / 19,500

9050 응급구조사 1,2급 시험 수험서 술술 읽히고 암기되게 하는 책
저자 자격증수험연구회 / 19,500

수학연구사 Book List

9051 떡제조기능사 시험 수험서 술술 읽히고 암기되게 하는 책
저자 자격증수험연구회 / 19,500

9052 임상병리사 시험 수험서 술술 읽히고 암기되게 하는 책
저자 자격증수험연구회 / 19,500

9053 의료관계법규 4대법 조문과 오엑스 뽀개기 의료기술직 공무원시험
저자 공무원시험연구회 / 19,500

9054 간호학 전공자가 간호미생물학 술술 읽고 학점도 잘 받게 해주는 책
저자 간호학연구회 / 19,500

9055 간호사 국가고시 합격기간 단축하기_ 2교시 아동간호, 정신간호 등
저자 의학수험연구회 / 19,500

9056 도로교통법규 조문과 오엑스 뽀개기 운전직 공무원시험
저자 공무원시험연구회 / 19,500

9057 전기공학부생들이 시험 잘 보고 학점 잘 따는 법
저자 기술튜터토니 / 19,500

9058 간호대학생들이 약리학을 쉽게 습득하는 학습법
저자 간호학연구회 / 19,500

9059 의치대를 목표하는 초등생자녀 이렇게 책 읽고 시험 보게 하라
저자 의치대보낸부모들 / 19,500

9060 지적관계법규 조문과 오엑스 뽀개기 지적직 공무원시험
저자 공무원시험연구회 / 19,500

9061 방송통신대 법학과 학생이 학점 잘 받게 공부하는 법
저자 법학수험연구회 / 19,500

9062 공인중개사 1차 시험 쉽게 합격하는 학습법
저자 법학수험연구회 / 19,500

9063 기술직 공무원 시험 쉽게 합격하는 학습법
저자 공무원시험연구회 / 19,500

9064 독학사 간호과정 공부 쉽게 마스터하기
저자 간호학연구회 / 19,500

9065 주택관리사 시험 빠르게 붙는 방법과 노하우
저자 자격증수험연구회 / 19,500

9066 비로스쿨 법학과 대학생들을 위한 공부 방법론
저자 법학수험연구회 / 19,500

9067 기술지도사 필기시험 빠르고 쉽게 합격하는 학습법
저자 자격증수험연구회 / 19,500

9068 감정평가사 시험 스트레스 낮추고 빠르게 최종 합격하는 길
저자 자격증수험연구회 / 19,500

9069 의무기록사 시험 합격을 위한 의학용어 암기법_ 순환계와 근골계
저자 의학수험연구회 / 19,500

9070 의무기록사 시험 합격을 위한 의학용어 암기법_ 소화기와 비뇨기
저자 의학수험연구회 / 19,500

9071 감정평가사 2차 합격을 위한 서브노트의 필요성 논의와 공부법
저자 자격증수험연구회 / 19,500

9072 감정평가사 민법총칙 최단시간 공부법과 문제풀이법
저자 자격증수험연구회 / 19,500

9073 게임 IT업계 직원이 영어를 빠르게 듣고 말할 수 있는 방법
저자 최단시간영어연구회 / 19,500

9074 IT 게임업계 직원이 효율적으로 빠르게 일본어를 습득하는 법
저자 최단시간일본어연구회 / 19,500

9075 게임회사 IT업계 직원이 프랑스어 단어를 빨리 익히는 법
저자 최단시간프랑스어연구회 / 19,500

9076 경영지도사가 빠르고 효율적으로 중국어를 배우는 법
저자 최단시간중국어연구회 / 19,500

9077 유튜버가 일본어 청취를 빠르게 익히는 방법
저자 최단시간일본어연구회 / 19,500

9078 법조인들이 알면 좋은 프랑스어 단어를 빠르게 익히는 법
저자 최단시간프랑스어연구회 / 19,500

9079 경영지도사에게 필요한 스페인어 단어 빠르게 익히기
저자 최단시간스페인어연구회 / 19,500

9080 일본어 JLPT N4, N5 최단시간에 합격하는 법
저자 최단시간일본어연구회 / 19,500

9081 관세사에게 필요한 이탈리아어 단어 빠르게 익히기
저자 최단시간외국어연구회 / 19,500

9082 일본 관련 사업을 하는 중개사를 위한 효율적인 일본어 듣기법
저자 최단시간외국어연구회 / 19,500

9083 일본 취업 준비생을 위한 일본어 리스닝과 단어 실력 빠르게 올리는 방법
저자 최단시간외국어연구회 / 19,500

9084 관세사에게 필요한 중국어 빠르게 습득하는 법
저자 최단시간외국어연구회 / 19,500

9085 누적과 예측을 통한 영어 말하기와 듣기 해답_ 해외진출자를 위한 책
저자 최단시간외국어연구회 / 19,500

9086 스페인어를 공부해야 하는 대학생들이 빠르게 단어를 숙지하는 법
저자 최단시간외국어연구회 / 19,500

9087 취업 준비 대학생은 인생 자격증으로 공인중개사 시험에 도전하라
저자 자격증수험연구회 / 19,500

9088 고경력 은퇴자에게 공인중개사 시험을 강력 추천하는 이유와 방법론
저자 자격증수험연구회 / 19,500

9089 효율적인 4개 국어 학습법과 외국어 실력 올리는 방법
저자 최단시간외국어연구회 / 19,500

9090 여성들의 미래대안 공인중개사 시험 도전에 필요한 공부 가이드
저자 자격증수험연구회 / 19,500

9091 해외파견근무직원들이 이탈리아어 단어 빠르게 익히는 방법
저자 최단시간외국어연구회 / 19,500

9092 영어 귀가 뻥 뚫리는 리스닝 훈련법
저자 최단시간외국어연구회 / 19,500

9093 열성아빠를 위한 민사고 졸업생의 생활팁과 우수 공부비법
저자 교육연구회 / 19,500

9094 유초등 아이 키우는 열정할머니를 위한 민사고 생활팁과 공부가이드
저자 교육연구회 / 19,500

9095 심리상담사가 일본어를 쉽게 배울 수 있는 노하우와 팁
저자 최단시간외국어연구회 / 19,500

9096 법조인을 위한 들리는 소리에 집중하는 외국어 리스닝과 단어 훈련법
저자 최단시간외국어연구회 / 19,500

9097 관세사를 위한 문법 상관없이 받아 듣고 적는 외국어 학습법
저자 최단시간외국어연구회 / 19,500

9098 민사고에 진학할 똑똑한 중학생을 위한 민사고 공부팁과 인생 이야기
저자 교육연구회 / 19,500

9099 해외파견근무직원들을 위한 프랑스어 단어 쉽게 배우기
저자 최단시간외국어연구회 / 19,500

9100 해외파견근무직원들이 일본어를 쉽고 빠르게 공부하는 방법
저자 최단시간외국어연구회 / 19,500

수학연구사 Book List

9101 대학생들이 이탈리아어 단어 쉽고 빠르게 익히는 법
저자 최단시간외국어연구회 / 19,500

9102 뷰티 화장품 업계에서 알면 좋을 스페인어 단어 쉽게 익히기
저자 최단시간외국어연구회 / 19,500

9103 민사고 진학에 갈등을 느끼는 딸바보 아빠를 위한 인생 조언과 공부법
저자 교육연구회 / 19,500

9104 유튜버를 위한 영어 리스닝과 스피킹 실력 빠르게 올리는 법
저자 최단시간외국어연구회 / 19,500

9105 해외파견직들을 위한 문법 없이 어학 공부하는 방법
저자 최단시간외국어연구회 / 19,500

9106 변리사가 프랑스어 단어를 쉽고 빠르게 배우는 법
저자 최단시간외국어연구회 / 19,500

9107 법조인이 알면 좋을 중국어 스피드 습득법
저자 최단시간외국어연구회 / 19,500

9108 임용고시 합격하려면 고시 노장처럼 공부하지 마라
저자 임용고시연구회 / 19,500

9109 임용고시 합격을 위한 조언_ 공부로 생긴 스트레스 공부로 풀어라
저자 임용고시연구회 / 19,500

9110 가맹거래사 시험 법학에 자신이 없는 사람들이 꼭 봐야 할 합격법
저자 자격증수험연구회 / 19,500

9111 가맹거래사 책이 쉽게 이해되지 않는 사람들을 위한 수험전략 가이드
저자 자격증수험연구회 / 19,500

9112 항공 및 공항 업계에서 알면 좋을 이탈리아어 단어 효율 암기법
저자 최단시간외국어연구회 / 19,500

9113 은퇴자를 위한 외국인과 만나는 게 즐거운 영어 리스닝 방법
저자 최단시간외국어연구회 / 19,500

9114 항공과 공항업계인을 위한 일본어 듣기와 단어 청크 단위 학습법
저자 최단시간외국어연구회 / 19,500

9115 유튜버가 프랑스어 단어에 쉽게 접근하고 익히는 법
저자 최단시간외국어연구회 / 19,500

9116 대학생이 필요한 스페인어 청취를 빠르게 습득하는 법
저자 최단시간외국어연구회 / 19,500

9117 해외파견직들을 위한 스페인어 단어 스피드 학습법
저자 최단시간외국어연구회 / 19,500

9118 관세사를 위한 직청직해 소리단어장 다국어 훈련법
저자 최단시간외국어연구회 / 19,500

9119 경비지도사 처음 도전하는 사람들이 꼭 알아야 할 시험 접근법
저자 자격증수험연구회 / 19,500

9120 유튜버가 이탈리아어 단어 효율적으로 익히는 방법
저자 최단시간외국어연구회 / 19,500

9121 관세사가 빠르고 쉽게 일본어 실력 올리는 법
저자 최단시간외국어연구회 / 19,500

9122 영어가 부족한 법조인을 위한 리스닝과 스피킹 효율 학습법
저자 최단시간외국어연구회 / 19,500

9123 미용 뷰티업계에서 알면 좋을 일본어 쉽게 접근하는 법
저자 최단시간외국어연구회 / 19,500

9124 대학생을 위한 외국어 공부법_ 문법은 버리고 소리에 집중하자
저자 최단시간외국어연구회 / 19,500

9125 심리상담사가 스페인어 단어를 효율적으로 배우는 방법
저자 최단시간외국어연구회 / 19,500

9126 대학생을 위한 다양한 외국어 쉽게 접근하게 해주는 가이드
저자 최단시간외국어연구회 / 19,500